LEI DE LIBERDADE ECONÔMICA E OS SEUS IMPACTOS NO DIREITO ADMINISTRATIVO

GEORGES LOUIS HAGE HUMBERT
Coordenador

Prefácio
Adilson Abreu Dallari

Apresentação
Paulo Spencer Uebel

LEI DE LIBERDADE ECONÔMICA E OS SEUS IMPACTOS NO DIREITO ADMINISTRATIVO

Belo Horizonte
FÓRUM
CONHECIMENTO JURÍDICO
2020

FÓRUM
CONHECIMENTO JURÍDICO

Luís Cláudio Rodrigues Ferreira
Presidente e Editor

Coordenação editorial: Leonardo Eustáquio Siqueira Araújo
Aline Sobreira de Oliveira

Av. Afonso Pena, 2770 – 15º andar – Savassi – CEP 30130-012
Belo Horizonte – Minas Gerais – Tel.: (31) 2121.4900 / 2121.4949
www.editoraforum.com.br – editoraforum@editoraforum.com.br

Técnica. Empenho. Zelo. Esses foram alguns dos cuidados aplicados na edição desta obra. No entanto, podem ocorrer erros de impressão, digitação ou mesmo restar alguma dúvida conceitual. Caso se constate algo assim, solicitamos a gentileza de nos comunicar através do *e-mail* editorial@editoraforum.com.br para que possamos esclarecer, no que couber. A sua contribuição é muito importante para mantermos a excelência editorial. A Editora Fórum agradece a sua contribuição.

Dados Internacionais de Catalogação na Publicação (CIP) de acordo com a AACR2

L524 Lei de Liberdade Econômica e os seus impactos no Direito Administrativo / Georges Louis Hage Humbert (Coord.).– Belo Horizonte : Fórum, 2020.

100 p.; 14,5cm x 21,5cm.
ISBN: 978-85-450-0756-2

1. Direito Administrativo. 2. Direito Econômico. I. Humbert, Georges Louis Hage. II. Título.

CDD: 341.3
CDU: 342

Elaborado por Daniela Lopes Duarte - CRB-6/3500

Informação bibliográfica deste livro, conforme a NBR 6023:2018 da Associação Brasileira de Normas Técnicas (ABNT):

HUMBERT, Georges Louis Hage (Coord.). *Lei de liberdade econômica e os seus impactos no Direito Administrativo*. Belo Horizonte: Fórum, 2020. 100 p. ISBN 978-85-450-0756-2.

SUMÁRIO

PREFÁCIO

Este livro não é uma coletânea de comentários à generalidade dos dispositivos da Lei nº 13.874, de 20 de setembro de 2019. A preocupação do organizador e dos autores está focada em questões específicas, relativas a determinados assuntos ou problemas de direito administrativo afetados por essa nova legislação.

Não obstante a oportunidade, e mesmo a necessidade, da edição dessa Lei, consolidando no direito positivo entendimentos jurisprudenciais ou inovando em temas fundamentais para a efetividade do princípio constitucional da livre iniciativa, é inegável que ela apresenta uma série de falhas ou imprecisões que dificultam sua interpretação e aplicação.

A redação é extremamente prolixa, detalhada e até repetitiva. O louvável propósito de ser abrangente, completa e precisa, acaba tendo um efeito contrário, na medida em que pode gerar uma proliferação de dúvidas interpretativas, pois, como se sabe, cada norma legal comporta uma pluralidade de interpretações. Há um número considerável de exceções e ressalvas, criando dificuldades de entendimento quanto ao que é aplicável e ao que não é. Ao longo do texto são utilizadas muitas expressões genéricas e imprecisas tais como: atividade de baixo risco, justificável risco, razoabilidade do impacto regulatório, imprescindibilidade da restrição.

Tudo isso torna indispensável o trabalho da doutrina (e, depois, da jurisprudência) no sentido de suprir, reduzir ou eliminar as deficiências de redação e buscar o melhor entendimento possível para cada uma das normas, de maneira coerente com o sentido e o propósito de todo o conjunto normativo.

Todos os autores, além da respeitável formação acadêmica, são dotados de larga experiência tanto na gestão de entidades administrativas, quanto na advocacia especializada em direito administrativo.

Merece destaque o fato de que o organizador, Prof. Georges Humbert, foi membro do Grupo de Modernização Administrativa, na equipe de transição para a nova Presidência da República, tendo, depois, atuado como Assessor Especial da Secretaria-Geral da Presidência da República, dotado, portanto, de uma visão panorâmica dos objetivos visados pelas inovações legislativas propostas pelo novo Governo Federal.

Cada um dos temas tratados nos seis capítulos do livro faz uma apreciação geral do assunto indicada na titulação do artigo, mas desce a detalhes específicos de alta relevância. É o que ocorre com a desconsideração da personalidade jurídica em matéria trabalhista; o destaque para a atuação subsidiária do estado na economia, como decorrência do primado da liberdade econômica; as implicações mais sensíveis e de caráter prático da Lei de Liberdade Econômica no campo da saúde suplementar; os impactos na legislação ambiental e urbanística; as questões de processo administrativo, na interação da Lei nº 9.784/99 com as normas do Código Civil e do Código de Processo Civil; e, ainda, do significado do silêncio administrativo nos atos de liberação de atividades econômicas.

O maior mérito dos artigos constantes dessa coletânea está na ampla discussão de cada tema, examinando com profundidade científica as dificuldades para a busca da melhor interpretação, sem a preocupação de apontar soluções mágicas e definitivas. Essa abertura é fundamental para orientar os estudiosos que terão que buscar soluções para os casos concretos que irão surgindo, inevitavelmente, na atuação dos órgãos e entidades da administração pública na sua tarefa de ordenação e promoção do desenvolvimento de atividades econômicas.

Em síntese, os assuntos abordados foram tratados em perfeita conformidade com o estágio atual do Direito Administrativo, menos autoritário e mais aberto para a colaboração e o consenso, em benefício da economicidade e da eficiência.

Adilson Abreu Dallari

Professor Titular de Direito Administrativo da Faculdade de Direito da PUC-SP. Membro do Conselho Científico da Sociedade Brasileira de Direito Público (SBDP). Membro do Conselho Superior de Assuntos Jurídicos e Legislativos (CONJUR), da FIESP. Membro do Núcleo de Altos Temas (NAT), do SECOVI. Membro do Conselho Superior de Direito da FECOMÉRCIO. Membro do Instituto dos Advogados de São Paulo (IASP). Consultor Jurídico.

APRESENTAÇÃO

Este livro, na forma de coletânea, se propõe a fazer uma importante reflexão sobre a Lei da Liberdade Econômica (Lei nº 13.874/2019) e seus impactos no Direito Administrativo. Mas, em uma democracia, na qual o poder emana do povo, por que precisamos de uma lei para assegurar a liberdade econômica? A liberdade econômica não deveria ser uma consequência natural dos direitos e liberdades individuais?

Infelizmente, no Brasil, foi necessária a promulgação de uma lei para garantir aquilo que já deveria ser uma decorrência lógica da nossa Constituição Federal. Se vivemos em uma democracia na qual o poder é delegado ao Estado pelo povo, o exercício desse poder jamais poderia restringir um direito tão fundamental como a liberdade econômica. Todas as demais liberdades, como a liberdade civil, a liberdade religiosa, a liberdade de associação, a liberdade de expressão e a liberdade política ficam prejudicadas quando a sociedade não possui liberdade econômica para garantir seu próprio sustento sem depender de favores, concessões ou autorizações do Estado.

Se avaliarmos os países com maior nível de desenvolvimento humano no mundo, medido pelo IDH, constataremos que são países com altos níveis de liberdade econômica. Esses países desenvolvidos já entenderam que a liberdade econômica é um direito humano fundamental e que o Estado só pode restringir esse direito quando houver risco elevado para a sociedade. Caso contrário, a liberdade econômica é assegurada. Aqueles que abusarem dessa liberdade, como ocorre com outros abusos de direito, deverão ser punidos.

Como se não bastasse, a ausência de liberdade econômica contribui para o aumento da corrupção. Ao concentrar o poder no Estado, enfraquecendo o poder dos cidadãos, estamos criando as condições ideais para que o exercício de atividades econômicas dependa de decisões discricionárias e, muitas vezes, arbitrárias da burocracia. Criam-se dificuldades para vender facilidades.

O objetivo da lei foi justamente resgatar essa liberdade fundamental dos brasileiros, assegurando um conjunto de direitos para o livre exercício de atividades econômicas, sem uma intervenção excessiva do Estado. Para haver uma limitação à liberdade econômica, essa restrição precisa ser justificada e ter uma finalidade que irá gerar mais benefícios do que malefícios. Se essa finalidade não se confirmar, a liberdade precisa ser reestabelecida.

A história do Brasil mostra que o Estado brasileiro, invariavelmente, foi usado para criar privilégios, garantir reservas de mercado, dificultar a entrada de novos concorrentes, restringir a livre concorrência, estabelecer exigências técnicas desnecessárias ou exageradas, tudo para favorecer uma pequena parcela da população que concentra os poderes políticos e econômicos. Assim, a Lei da Liberdade Econômica era mais do que necessária para tornar as regras mais justas, razoáveis, proporcionais e, com isso, melhorar a equidade daqueles que querem empreender no Brasil.

O livro coordenado pelo jurista e amigo Georges Humbert dará uma contribuição muito importante ao debate, trazendo novos aspectos que serão considerados no ordenamento jurídico brasileiro e na aplicação da referida lei.

Brasília, janeiro de 2020.

Paulo Spencer Uebel

Secretário Especial de Desburocratização, Gestão e Governo Digital do Ministério da Economia. Bacharel em Ciências Jurídicas e Sociais pela PUC-RS. Especialista em Direito Tributário, Financeiro e Econômico pela UFRGS e em liderança global pela Georgetown University. Mestre em administração pública pela Columbia University, em Nova York. Foi Secretário Municipal de Gestão de São Paulo (2017/2018). CEO das empresas Webforce Venture e WeWork Brasil. CEO Global da LIDE – Grupo de Líderes Empresariais.

A SEGREGAÇÃO DE RISCOS E A DESCONSIDERAÇÃO DA PERSONALIDADE JURÍDICA NOS ARTIGOS 49-A E 50 DO CÓDIGO CIVIL

ANDRÉ CASTRO CARVALHO

PAULO MARZIONNA

Introdução

Da segregação de riscos ao abuso da personalidade jurídica

A Lei nº 13.874/2019, conhecida como Lei da Liberdade Econômica, trouxe em seu art. 7º algumas importantes alterações no Código Civil, em especial com a inserção do artigo 49-A e a nova redação do art. 50. Nessa introdução, far-se-á uma breve exposição sobre o conteúdo destes novéis dispositivos e serão feitas algumas análises específicas no que se refere à sua aplicação no Direito do Trabalho, bem como em outras searas de atos ilícitos ocorridos no meio corporativo.

O art. 49-A deixa expresso que a pessoa jurídica não se confunde com as pessoas físicas instituidoras ou administradoras (sócios, administradores ou gestores), sendo a autonomia patrimonial das pessoas jurídicas um instrumento lícito de *alocação e segregação de riscos*, justamente com a finalidade de estimular empreendimentos, gerar emprego, tributo, renda, inovação em benefício de todos.

A questão da segregação de riscos é um dos pressupostos de qualquer atividade empresarial. Mesmo em empresas de capital aberto, o ambiente empresarial brasileiro é de tradição eminentemente familiar, o que sempre dificultou, na prática, a alocação e segregação de riscos tal como ocorre em mercados empresariais mais maduros (Estados Unidos e Reino Unido, para se concentrar nos exemplos anglo-saxões).

Apesar disso, o *middle market* brasileiro floresceu nessa cultura familiar, sendo um dos principais empregadores e responsáveis pelo desenvolvimento econômico nacional. À guisa de comparação, o México, país com características similares ao Brasil, não exibe esse *middle market* pujante, sendo as multinacionais naquele país as grandes responsáveis pelo seu desenvolvimento econômico.

Essas características familiares, embora tenham fomentado o crescimento de um mercado interno forte, também deu azo a usos indiscriminados e abusivos de pessoas jurídicas em diversas esferas: civil, trabalhista, penal, administrativa, tributária, ambiental, dentre outras. Não raro, planejamento empresarial no país se confunde com blindagem patrimonial, havendo sócios constantemente buscando formas de não somente segregar riscos, mas ficar totalmente imune a eles.

Por essa razão que o art. 50, por sua vez, estabelece os casos de *abuso* desta personalidade jurídica. Esse abuso é caracterizado pelo desvio de finalidade ou pela confusão patrimonial: nesse caso, pode haver a desconsideração em juízo para que *certas e determinadas relações de obrigações* possam ser estendidas aos bens particulares dos administradores ou de sócios da pessoa jurídica que se locupleta direta ou indiretamente por esse abuso.

O parágrafo primeiro conceitua *desvio de finalidade*: é a utilização da pessoa jurídica com o propósito de *lesar credores* e para praticar *atos ilícitos* de qualquer natureza. Já no parágrafo segundo, há o conceito de *confusão patrimonial*, que é a ausência de separação de fato entre os patrimônios, que é caracterizada por três critérios: o primeiro é o cumprimento *repetitivo* pela sociedade de *obrigações do sócio* ou do administrador ou vice-versa. É o que se convenciona denominar *PJ na PF* ou *PF na PJ*, expressões muito utilizadas no setor financeiro para o acompanhamento de transações incomuns nas contas dos respectivos clientes.

O segundo critério é a transferência de ativos ou de passivos *sem efetivas contraprestações* (exceto os de valor proporcionalmente insignificante). Por exemplo, seria a transferência de um bem móvel entre a pessoa física e a pessoa jurídica (tal como a propriedade de um veículo no caso de um microempresário). Por fim, o terceiro critério, mais genérico, tratar-se-ia de outros atos de descumprimento da autonomia patrimonial.

O parágrafo quarto traz uma regra importante que impacta em outras áreas do direito: a existência de grupo econômico *sem a presença dos requisitos* de que trata o artigo *não autoriza* a desconsideração da personalidade da pessoa jurídica. Isso será particularmente importante ao se se discutir eventual impacto da Lei da Liberdade Econômica no que diz respeito à desconsideração da personalidade jurídica no âmbito trabalhista – para isso, é essencial que se compreenda as discussões acerca da aplicabilidade do instituto da desconsideração da personalidade jurídica no Direito do Trabalho.

Por fim, o parágrafo quinto estabelece que *não é desvio de finalidade* a expansão ou a alteração da finalidade original da atividade econômica específica da pessoa jurídica, vislumbrando o legislador que, nesse caso, referir-se-ia ao desenvolvimento natural da atividade empresarial, que não fica confinada, por vezes, à finalidade inicial estabelecida em seus documentos societários.

Como recorte metodológico multidisciplinar, este artigo abordará algumas hipóteses de desconsideração da pessoa jurídica nas seções a seguir: (i) no caso de prática de atos de corrupção e suborno (Lei nº 12.846/2013) na esfera de responsabilização administrativa; e (ii) no caso de prática de ilícitos na esfera de responsabilização trabalhista.

1 Segregação de riscos e desconsideração da pessoa jurídica no art. 14 da Lei nº 12.846/2013

Segundo Williamson (2012, p. 252), as "[c]aracterísticas legais centrais da corporação – responsabilidade limitada e a transferibilidade da propriedade – são tomadas como dadas. A ausência da discussão sobre elas não reflete um julgamento de que elas sejam ou irrelevantes ou desinteressantes". É nesse sentido que se tratará a questão da responsabilidade individual e corporativa por atos ilícitos de corrupção e suborno.

A Lei nº 12.846/2013, conhecida como Lei Anticorrupção, dispõe sobre a responsabilização administrativa e civil de pessoas jurídicas pela prática de determinados atos contra a administração pública, nacional ou estrangeira. Uma das inovações da referida norma foi estabelecer, de maneira inaugural, a responsabilidade administrativa objetiva no direito administrativo brasileiro (DA COSTA, 2019). Ponto também enfrentado no trabalho de Da Costa (2019) foi a ausência de excludentes legais de responsabilidade, muito embora se tenha afastado a teoria da responsabilidade pelo risco integral.

Na Lei Anticorrupção, a distinção entre os atos das pessoas físicas e jurídicas é uma preocupação constante, haja vista o conteúdo do art. 3º, §1º, em que se estabelece que a pessoa jurídica será responsabilizada *independentemente* da responsabilização *individual* das pessoas naturais, visto que o seu *caput* institui que a responsabilização da pessoa jurídica *não exclui* a responsabilidade individual de seus dirigentes ou administradores ou de qualquer pessoa natural, autora, coautora ou partícipe do ato ilícito.

O ponto de junção das responsabilidades das pessoas físicas e jurídicas ocorre no art. 14 da referida Lei. Ali se estabelece que a personalidade jurídica poderá ser *desconsiderada* sempre que utilizada com (i) *abuso do direito para facilitar, encobrir* ou *dissimular* a prática dos atos ilícitos previstos na Lei Anticorrupção, ou (ii) para provocar *confusão patrimonial*, sendo estendidos todos os *efeitos das sanções* aplicadas à pessoa jurídica aos seus administradores e sócios com poderes de administração.

Depreende-se, portanto, que o art. 14 já veiculava a orientação civilista do art. 50, mesmo antes da alteração – visto que a redação original do *caput* no art. 50 do Código Civil de 2002 já contava com essas hipóteses de desconsideração – sem, no entanto, os delineamentos trazidos pelos novos parágrafos e incisos.

Na prática, contudo, tem sido difícil a separação dos atos das pessoas físicas em relação às pessoas jurídicas, como comprovam os fatos noticiados na Operação Lava Jato. Separadamente, as necessidades de celebrações de colaborações premiadas com fulcro na Lei de Organizações Criminosas (Lei nº 12.850/2013) com as pessoas físicas, bem como a necessidade de acordos de leniência com as pessoas jurídicas (Lei nº 12.846/2013), provocou um ambiente inicial de insegurança na questão de acordos por ilícitos corporativos no Brasil (CARVALHO, 2019a; CARVALHO, 2019b).

Di Cillo (2019) expõe que, em empresas com estruturas funcionais de governança corporativa, é mais facilitada a separação dos atos das pessoas físicas em relação aos da jurídica por meio de *normas internas*. Porém, como adverte o autor, a estrutura familiar das empresas brasileiras tende a dificultar a clareza nessa separação. Isso é particularmente importante, sobretudo em outros ordenamentos (tal como o norte-americano), em que há precedentes no sentido de não se processar a pessoa jurídica por atos de corrupção, mas tão somente a pessoa física quando esta atua de maneira independente, como *rogue employee* (US DEPARTMENT OF JUSTICE, 2012). Ressalte-se, no entanto, as recentes orientações nos Estados Unidos (*Yates Memo*) para que o enfoque no combate à corrupção se dê mais nas pessoas físicas envolvidas nos ilícitos (US DEPARTMENT OF JUSTICE, 2015).

Simão e Vianna (2017) também expõem, no tocante aos processos de responsabilização pela prática de ilícitos, as distintas consequências para as pessoas jurídicas e pessoas físicas em razão de todo o arcabouço legal repressivo em atos de corrupção e suborno, em distintas instâncias (penal, civil e administrativa). Veríssimo (2017) sublinha a recomendação da Fase III da OCDE (2014),[1] no sentido de se aprimorar o sistema repressivo com a imposição da proibição de contratar com a administração pública (conhecido como *debarment* no direito anglo-saxão) dentro da responsabilidade administrativa ou civil.

Em vistas desse contexto, a segregação de riscos preconizada pelo art. 49-A ficou extremamente prejudicada no âmbito da Operação Lava Jato. No direito penal, a responsabilidade por omissão imprópria ganhou força ao se responsabilizar dirigentes por atos de corrupção (FLORÊNCIO FILHO; ARANHA, 2018), havendo também a evolução da teoria do domínio do fato para a teoria da cegueira deliberada (*willful blindness)* derivada do direito norte-americano.

A dificuldade de segregação de riscos em distintas esferas (administrativa, penal e civil) trouxe, em termos práticos, responsabilização tanto para a pessoa jurídica quanto para a pessoa física para os atos de corrupção, com uma grande dificuldade para os aplicadores do direito em saber quando se aplica a segregação de riscos e quando pessoa física ou jurídica se confunde no cometimento de atos ilícitos.

Durante este período de Operação Lava Jato e vigência da Lei Anticorrupção, em alguns casos, houve plena segregação de riscos: os executivos infratores foram punidos pessoalmente, assim como a pessoa jurídica em virtude da responsabilização objetiva, mas não existiram penalidades para os acionistas não envolvidos nos atos ilícitos. Em outros casos, essa segregação não foi possível: existiram medidas para exclusão do *board* ou de posição de direção, em algumas

---

1 Trata-se de um relatório elaborado pelo Grupo de Trabalho sobre Suborno da OCDE que avalia e é responsável por fazer recomendações sobre a implementação da Convenção sobre o Combate da Corrupção de Funcionários Públicos Estrangeiros em Transações Comerciais Internacionais.

empresas familiares, de membros que estiveram envolvidos em atos ilícitos. Quanto à desconsideração da pessoa jurídica, em determinadas ocasiões ela ocorreu, inclusive com a indisponibilidade de bens dos sócios da empresa.[2]

Fato é que com as recentes alterações introduzidas pela Lei de Liberdade Econômica, em especial a consagração da segregação de riscos no art. 49-A e o delineamento feito no art. 50 do Código Civil, espera-se que, em casos futuros de persecução (*enforcement*) de corrupção, as autoridades responsáveis tenham melhores condições normativas para delinear as condutas cometidas pelas pessoas físicas e aquelas pelas pessoas jurídicas, com maior claridade em relação quanto a abuso do uso da pessoa jurídica para atos de corrupção e suborno.

2 Histórico do instituto na Justiça do Trabalho

A possibilidade de utilização do instituto da desconsideração da personalidade jurídica no Direito do Trabalho brasileiro é controvertida, inclusive em razão da existência de outras ferramentas e mecanismos que visam a garantir o recebimento do crédito trabalhista e que, muito embora se assemelhem com o instituto da desconsideração da personalidade jurídica, com esse não se confundem (DE MORAES, 2009). Nesse sentido, merecem destaque o conceito de grupo econômico para fins trabalhistas e a responsabilização do sócio retirante.

Sem adentrar na discussão sobre a definição de empresa na CLT, o que foge do escopo deste capítulo, o art. 2º, §2, da CLT desde sua redação original prevê que, para os efeitos da relação de emprego, qualquer empresa pertencente ao mesmo grupo econômico será solidariamente responsável quanto às obrigações trabalhistas das demais empresas do grupo. A Reforma Trabalhista de 2017 (Lei nº 13.467/2017), por seu turno, apenas esclareceu que a mera identidade de sócios não é suficiente para caracterizar o grupo econômico, sendo necessário demonstrar a existência de interesse integrado, efetiva comunhão de interesses e atuação conjunta das empresas integrantes do grupo econômico. Frise-se, no entanto, que o artigo em questão aborda unicamente a questão de responsabilidade solidária entre empresas do mesmo grupo econômico, não se confundindo com o instituto da desconsideração da personalidade jurídica.

---

[2] Os autores reservam-se no direito de não mencionar nominalmente os casos para permitir que o texto fique atemporal.

Mais interessante para o tema em análise é a discussão quanto aos casos de sucessão de empresas e sua regulamentação pela CLT. O texto original da CLT previa que alterações na estrutura jurídica da empresa não afetariam os direitos adquiridos por seus empregados (art. 10) e que mudanças na propriedade ou estrutura jurídica da empresa não afetariam os contratos de trabalho existentes antes da mudança (art. 448). Tais artigos serviam de base para o debate sobre a responsabilização trabalhista em caso de sucessão de empregadores. A Reforma Trabalhista, por sua vez, incluiu o art. 10-A, que prevê que o sócio retirante responde subsidiariamente pelas obrigações trabalhistas relativas ao período em que era sócio da empresa, dentro de um prazo de dois anos entre a averbação da modificação do contrato e a propositura da reclamação trabalhista. Nesse caso, no entanto, a ordem de preferência a ser seguida é: empresa devedora, sócios atuais e, somente então, sócios retirantes. Já no caso de comprovada fraude na alteração societária, a responsabilidade do sócio retirante é solidária (CLT, Art. 10-A, Parágrafo Único). É importante notar que, nesse caso, a legislação trata de responsabilidade subsidiária ou solidária do sócio, porém não se refere, especificamente, à desconsideração da personalidade jurídica. A diferenciação tem sua relevância processual e acadêmica, muito embora o resultado final possa ser o mesmo: a responsabilização do sócio, pessoa física, por débitos trabalhistas da pessoa jurídica.

O que se verifica, portanto, é que até a Reforma Trabalhista de 2017, a CLT não fazia qualquer referência expressa ao instituto de desconsideração da personalidade jurídica, muito embora existissem meios para se construir alguma forma de responsabilização pessoal do sócio da empresa. Além disso, é inegável que a área do Direito do Trabalho era propícia para a aplicação do instituto em comento de alguma forma, tendo em vista a ocorrência constante de casos na Justiça do Trabalho em que o empregado não via seu crédito trabalhista satisfeito, em função da falta de recursos da empresa devedora.

Apesar de o tema estar regulamentado no Código Civil desde 2002, a Justiça do Trabalho, quase que em uníssono, optou por desenvolver e aplicar o instituto da Desconsideração da Personalidade Jurídica usando como base o Código de Defesa do Consumidor (BARBOSA; BENATTO; SOARES, 2015). As principais justificativas pela busca de suporte no CDC diziam respeito ao princípio de proteção ao hipossuficiente, sobre o qual o Direito do Trabalho brasileiro é construído, e à natureza alimentar dos créditos trabalhistas. Em resumo, uma vez que o Direito do Trabalho tem como função primordial proteger a parte mais fraca da relação – ou seja, o empregado –, faria mais sentido buscar inspiração legal no CDC do que no Código Civil. Isso porque o CDC também pressupõe a existência de uma desigualdade de forças na relação que visa a regular, em contraponto ao Código Civil que, a princípio, regula relações entre iguais (BICALHO, 2004). Os impactos dessa escolha vão além da mera discussão acadêmica. Isso porque o comando legal do CDC amplamente usado na Justiça Trabalhista é o constante do Art. 28, §5º, que informa que a personalidade jurídica pode ser desconsiderada sempre que, de algum modo, seja obstáculo ao ressarcimento de prejuízos causados aos consumidores.

Esta opção pelo CDC como base significou a adoção pela Justiça do Trabalho da teoria menor ou teoria objetiva da desconsideração da personalidade jurídica, em detrimento da teoria maior ou teoria subjetiva. Na prática, isso significa que, para a Justiça Trabalhista, não havia necessidade de se demonstrar desvio de finalidade ou confusão patrimonial para que a desconsideração da personalidade jurídica fosse decretada em juízo, bastando a simples impossibilidade de se obter a quitação dos débitos trabalhistas a partir do patrimônio da empresa (ex.: TRT 2ª Região, AP 0002107-40.2014.5.02.0068, Acórdão 16ª Turma, 29/10/2019).

Seria possível se discutir se, de fato, a opção pela teoria menor, por intermédio da aplicação subsidiária da legislação consumerista, é aquilo que recomendaria a melhor técnica jurídica. O debate, no entanto, foge do escopo desta obra.

Por fim, de modo a encerrar esta seção sobre o histórico da utilização do instituto na área trabalhista, é importante que se frise que a Reforma Trabalhista de 2017, embora não tenha abordado o tema do ponto de vista de direito material, previu expressamente a aplicação do Novo Código de Processo Civil, no que tange à aplicabilidade do incidente de desconsideração da personalidade jurídica na Justiça do Trabalho. Uma vez mais, o acerto da opção do legislador poderia ser objeto de extenso debate, o que, no entanto, foge do escopo do presente capítulo (*vide* PINTO, 2018).

a) Lei da Liberdade Econômica

A MP nº 881/2019, em sua redação original, trazia poucas alterações diretas na legislação trabalhista. No entanto, durante sua tramitação no Congresso Nacional, inúmeras emendas foram aprovadas, incluindo significativas alterações na CLT. Entretanto, o texto final da Lei da Liberdade Econômica restringiu suas alterações à legislação trabalhista a pontos sobre a carteira de trabalho, controle de jornada e sistema do *e*social. Tais temas, no entanto, fogem do escopo deste capítulo. A nós interessa entender se as alterações trazidas ao art. 50 do Código Civil teriam o condão de alterar a aplicação do instituto da desconsideração da personalidade jurídica no campo trabalhista.

O texto final da Lei da Liberdade Econômica não cita a questão da desconsideração da personalidade jurídica no art. 15, que determina alterações na CLT. A nova redação do art. 50 do Código Civil tampouco faz referência a questões trabalhistas. É importante frisar que nem mesmo a exposição de motivos da Medida Provisória deixa clara a intenção de aplicar o art. 50 do Código Civil às questões de natureza trabalhista, fazendo unicamente referência à jurisprudência do STJ e pareceres da Receita Federal (BRASIL, 2019a).

Nesse contexto, durante o período de tramitação da MP no Congresso Nacional, algumas emendas apresentadas buscavam tratar diretamente do tema da desconsideração da personalidade jurídica no âmbito trabalhista. Nesse sentido, merecem destaque as Emendas 0062, 0151 (Deputado Paulo Pimenta, PT/RS) e 0163 (Deputado Fábio Henrique, PDT/SE) que visavam a incluir na definição de "desvio de finalidade" para fins de desconsideração da personalidade jurídica a "utilização dolosa da pessoa jurídica com o propósito de lesar credores, elidir ou sonegar tributos, *impedir a caracterização de relação de trabalho ou o descumprimento da legislação trabalhista* (...)".

É importante frisar, no entanto, que tais Emendas – cujas alterações sugeridas não foram refletidas no texto final – não abordavam diretamente a questão da aplicação do art. 50 do Código Civil ao Direito do Trabalho. Nesse sentido, a única Emenda que atacava esse ponto diretamente era a de número 0155, de autoria da Senadora Soraya Thronicke, que alterava a redação do art. 2º da CLT, de modo a prever expressamente a aplicação do art. 50 do Código Civil nas relações de trabalho.

O fato é que nenhuma dessas emendas fez-se presente no texto final da Lei da Liberdade Econômica, de modo que subsiste a questão proposta inicialmente: haveria a Lei da Liberdade Econômica trazido alguma alteração no âmbito trabalhista sobre a questão da desconsideração da personalidade jurídica?

Embora seja certo que o tema ainda será fruto de intenso debate nos tribunais do trabalho, diante de todo o exposto na seção anterior deste capítulo, é de se esperar que o tema permaneça inalterado na Justiça do Trabalho. Uma vez que a corrente dominante nos tribunais trabalhistas busca subsídio para a aplicação da desconsideração da personalidade jurídica no Código de Defesa do Consumidor, não há nada no texto da Lei da Liberdade Econômica que permita vislumbrar alteração significativa de entendimento na área trabalhista.

É, sem dúvida, curioso notar o silêncio da Lei da Liberdade Econômica sobre o tema, considerando-se os princípios que nortearam a lei ["liberdade como uma garantia no exercício de atividades econômicas" e "a intervenção subsidiária e excepcional do Estado sobre o exercício de atividades econômicas" (BRASIL, 2019b)] e os inúmeros casos de desconsideração da personalidade jurídica na Justiça do Trabalho diante da simples comprovação de insuficiência de bens da pessoa jurídica. Tal constatação de ausência também poderia ser aplicada à Reforma Trabalhista de 2017 que, embora tenha expressamente previsto a aplicação do Código de Processo Civil no que tange à utilização do incidente de desconsideração da personalidade jurídica na Justiça do Trabalho, se manteve silente quanto à questão de direito material e à legislação aplicável.

b) Reflexões sobre o tema na área trabalhista

Os pontos discutidos nas páginas anteriores permitem algumas reflexões sobre a questão da desconsideração da personalidade jurídica no âmbito trabalhista.

Primeiramente, é importante se frisar a oportunidade perdida para se dirimir as controvérsias no que diz respeito à lei material aplicável no Direito do Trabalho quanto à desconsideração da personalidade jurídica. Surpreende que uma lei que busca estabelecer "normas de proteção à livre iniciativa e ao livre exercício de atividade econômica", seguindo o princípio da "intervenção subsidiária e excepcional do Estado sobre o exercício de atividades econômicas" (BRASIL, 2019b), seja silente quanto ao tema em comento na área trabalhista. Ainda que o art. 1º, §1º preveja expressamente que o disposto na Lei de Liberdade Econômica seja observado na aplicação e interpretação do Direito do Trabalho, é improvável que ocorra qualquer alteração na interpretação dos tribunais trabalhistas sobre o ponto em discussão com base nessa nova legislação. Destaque-se que, de igual modo, a Reforma Trabalhista de 2017 também fora silente quanto à questão no âmbito do direito material.

Apesar desses pontos ora levantados, é possível se vislumbrar dois caminhos em que o art. 50 do Código Civil pode vir a ser usado como base para a desconsideração da personalidade jurídica na Justiça do Trabalho. De um lado, há a possibilidade de se adotar a teoria maior, com as alterações trazidas no Código Civil pela Lei da Liberdade Econômica, em relações de trabalho diferentes das relações de emprego. Nesses casos, sob competência da Justiça do Trabalho desde a Emenda Constitucional nº 45 de 2004, seria possível alegar que o princípio da proteção ao hipossuficiente deveria ser mitigado, de modo a afastar a aplicação subsidiária do Código de Defesa do Consumidor em favor do Código Civil (JUNQUEIRA, 2015). Raciocínio semelhante pode ser aplicado à figura do trabalhador hipersuficiente, trazida pela Reforma Trabalhista de 2017. Uma vez que o trabalhador que atenda aos requisitos do art. 444, parágrafo único, da CLT é visto como pertencente a uma categoria de trabalhador "menos frágil" na relação de emprego, poderia se argumentar pelo afastamento da aplicação subsidiária do CDC para casos envolvendo esses trabalhadores, uma vez que o princípio de proteção ao hipossuficiente deveria ser mitigado. Evidentemente, tal entendimento esbarraria na discussão sobre a constitucionalidade da figura do trabalhador hipersuficiente, o que foge do escopo deste capítulo (*vide* GUIMARÃES; MIALHE, 2019).

De qualquer modo, é de se salientar a necessidade de que o tema seja tratado em breve pela legislação trabalhista. Ainda que o legislador opte por seguir com a aplicação da teoria menor, baseada no CDC, fazê-lo de maneira expressa na legislação trabalhista teria o condão de ao menos diminuir a insegurança jurídica no tocante ao tema. A Reforma Trabalhista de 2017 trouxe esta segurança do ponto de vista processual, ao expressamente prever a aplicação do CPC no que diz respeito ao incidente de desconsideração da personalidade jurídica. No entanto, a Lei da Liberdade Econômica perdeu uma excelente oportunidade para trazer segurança jurídica do ponto de vista do direito material, independente da teoria de desconsideração da personalidade jurídica a ser escolhida pelo legislador.

Conclusão

Como se depreende desta despretensiosa análise multidisciplinar entre o direito administrativo e direito do trabalho, os arts. 49-A e 50 do Código Civil encetam discussões que ultrapassam apenas relação entre privados, fazendo com que os indigitados dispositivos tenham aplicabilidade geral no ordenamento brasileiro.

Em virtude das constantes discussões da livre iniciativa, a Lei de Liberdade Econômica reforça as liberdades negativas de primeira geração, embora fizesse mais sentido hermenêutico que os direitos ali reforçados pudessem ser exercidos na ausência de normatização, e não na existência de uma norma garantidora de sua efetividade.

Todavia, é sabido que o direito brasileiro se caracteriza por uma hiper-regulamentação e de presença constante do Poder Judiciário no dia a dia das relações entre privados – e também com o setor público –, o que traz essa necessidade de se retomar a alguns aspectos muitas vezes deixados de lado na praxe normativa brasileira.

O tema da desconsideração da pessoa jurídica por atos ilícitos de diversas naturezas (administrativa ou trabalhista, como abordado neste texto) continuará um tema discutido judicialmente nos casos concretos, restando acompanhar a jurisprudência dos tribunais para se verificar se haverá uma mudança de entendimento no sentido de se valorizar mais a segregação de riscos nas atividades empresariais.

Referências

BARBOSA, Marco Antônio; BENATTO, Pedro Henrique Abreu; SOARES, Roger da Silva Moreira. O novo Código de processo civil: desconsideração da personalidade jurídica e a penhora *on-line* no processo do trabalho. *Revista de Direito do Trabalho,* São Paulo, v. 41, n. 165, p. 197-213, set./out. 2015.

BICALHO, Carina Rodrigues. Aplicação *sui generis* da teoria da desconsideração da personalidade jurídica no processo do trabalho: aspectos materiais e processuais. *Revista do Tribunal Regional do Trabalho da 3ª Região,* Belo Horizonte, v. 39, n. 69, p. 37-55, jan./jun. 2004.

BRASIL. Exposição de Motivos, MP 881 de 30 de abril de 2019. Disponível em: https://www2.camara.leg.br/legin/fed/medpro/2019/medidaprovisoria-881-30-abril-2019-788037-exposicaodemotivos-157846-pe.html. Acesso em: 25 nov. 2019.

BRASIL. Lei nº 13.874, de 20 de setembro de 2019b. Disponível em: http://www.planalto.gov.br/ccivil_03/_ato2019-2022/2019/lei/L13874.htm. Acesso em: 25 nov. 2019.

CARVALHO, André Castro. Acordos de leniência – recomendações da OCDE. *O Estado de São Paulo*. A2. 15 fev. 2019.

CARVALHO, André Castro. Por uma norma geral de acordos administrativos para ilícitos corporativos. *Consultor jurídico*. Coluna "Leniências em Questão". 2 out. 2019b. Disponível em: https://www.conjur.com.br/2019-out-02/leniencias-questao-norma-geral-acordos-ilicitos-corporativos. Acesso em: 3 dez. 2019.

DA COSTA, Yahn Rainer Gnecco Marinho. *Delineamentos sobre a responsabilidade objetiva das pessoas jurídicas por atos de corrupção no Brasil*. Dissertação (Mestrado em Direito), Faculdade de Direito, Universidade de São Paulo, 2019.

DE MORAES, Flavia Albertin. A teoria da desconsideração da personalidade jurídica e o processo administrativo punitivo. *Revista de Direito Administrativo*, v. 252, p. 45-65, 2009.

DI CILLO, Roberto. Compliance em infraestrutura e nos segmentos de óleo e gás. *In*: CARVALHO, André Castro; BERTOCELLI, Rodrigo de Pinho; ALVIM, Tiago Cripa; VENTURINI, Otávio (coords.). *Manual de Compliance*. Rio de Janeiro: Forense, 2019, p. 577-599.

FLORÊNCIO FILHO, Marco Aurélio; ARANHA, Rodrigo Camargo. Responsabilidade penal dos dirigentes: desafios no direito penal e equilíbrio no combate à corrupção. *In*: NOHARA, Irene Patrícia; PEREIRA, Flávio de Leão Bastos (coords). Governança, *compliance* e cidadania. São Paulo: Thomson Reuters Brasil, 2018, p. 189-204.

GUIMARÃES, Dirlene Mendes; MIALHE, Jorge Luís. A inconstitucionalidade da figura do empregado hipersuficiente trazida pela Lei nº 13.467/2017. *Revista de Estudos Jurídicos UNESP*, v. 22, n. 36, 2019.

JUNQUEIRA, Fernanda Antunes Marques; JORGE, Leonardo de Moura Landulfo. O incidente de desconsideração da personalidade jurídica e sua aplicabilidade no âmbito da processualística do trabalho: uma breve incursão a respeito das teorias subjetiva e objetiva. *Revista do Tribunal Regional do Trabalho da 3ª Região*, Belo Horizonte, v. 61, n. 92, p. 237-253, jul./dez. 2015.

OCDE. Fase III – *Relatório sobre a Implementação da Convenção sobre o Combate da Corrupção de Funcionários Públicos Estrangeiros em Transações Comerciais Internacionais no Brasil*. Out. 2014. Disponível em: https://www.cgu.gov.br/assuntos/articulacao-internacional/convencao-da-ocde/imagens/ConvenodaOCDEBannersFasesAvaliaofase3.png/view. Acesso em: 6 jan. 2020.

PINTO, Bruno Ítalo Sousa. O art. 855-A da CLT: adaptações do incidente de desconsideração da personalidade jurídica ao processo do trabalho. *Revista de Direito do Trabalho*, São Paulo, v. 196, p. 205-246, dez. 2018.

SIMÃO, Valdir Moysés; VIANNA, Marcello Pontes. *O acordo de leniência na Lei Anticorrupção*: histórico, desafios e perspectivas. São Paulo: Trevisan, 2017.

THE UNITED STATES DEPARTMENT OF JUSTICE. *Former Morgan Stanley Managing Director Pleads Guilty for Role in Evading Internal Controls Required by FCPA*. Office of Public Affairs. Apr. 25, 2012. Disponível em: https://www.justice.gov/opa/pr/former-morgan-stanley-managing-director-pleads-guilty-role-evading-internal-controls-required. Acesso em: 3 dez. 2019.

THE UNITED STATES DEPARTMENT OF JUSTICE. *Memorandum: Individual accountability for corporate wrongdoing*. Office of the Deputy Attorney General. Disponível em: https://www.justice.gov/archives/dag/file/769036/download. Acesso em: 3 dez. 2019.

VERÍSSIMO, Carla. *Compliance*: incentivos à adoção de medidas anticorrupção. São Paulo: Saraiva, 2017.

WILLIAMSON, Oliver. *As instituições econômicas do capitalismo:* firmas, mercados, relações contratuais. Trad. de Frederico Araújo Turolla, André Ricardo Noborikawa Paiva, Érika Roberta Monteiro, Luiz Gabriel Negreiro Passos. São Paulo: Pezco, 2012.

Informação bibliográfica deste texto, conforme a NBR 6023:2018 da Associação Brasileira de Normas Técnicas (ABNT):

CARVALHO, André Castro; MARZIONNA, Paulo. A segregação de riscos e a desconsideração da personalidade jurídica nos artigos 49-A e 50 do Código Civil. *In*: HUMBERT, Georges Louis Hage (Coord.). *Lei de liberdade econômica e os seus impactos no Direito Administrativo*. Belo Horizonte: Fórum, 2020. p. 11-23. ISBN 978-85-450-0756-2.

LEI DE LIBERDADE ECONÔMICA E OS LIMITES PARA A INTERVENÇÃO DO ESTADO NA ECONOMIA

BERNARDO STROBEL GUIMARÃES

CAIO AUGUSTO NAZARIO DE SOUZA

1 Premissas da Lei de Liberdade Econômica: uma lei para limitar a intervenção estatal

Mudar as leis não transforma a realidade. Quando muito, leis auxiliam na mudança da cultura de um país. Acreditar demasiadamente na força transformadora das leis é um convite à frustração. As coisas são mais difíceis no *mundo do ser* do que no mundo do *dever ser*. A divisão tipicamente brasileira entre as *leis que pegam* e as que *não pegam* está aí para nos lembrar disso.

Mesmo assim, às vezes leis são passos importantes na transformação das instituições. As normas que restringiram o fumo em lugares fechados e a obrigatoriedade do cinto de segurança são bons exemplos de leis que pegaram. Hoje não se fuma mais em ambientes fechados e quase todos usam cinto de segurança.

O ponto fundamental é perceber que as leis podem iniciar processos de transformação social. Para tanto, elas devem estar em linha com aquilo que a sociedade, ou pelo menos a maior parte dela, deseja acerca de um determinado tema. Quanto maior o consenso, maior tende a ser a eficácia social das normas. Dificilmente uma norma que vai na contramão dos hábitos e das crenças de uma sociedade tem eficácia. Nesses casos, os custos de efetivar a norma são altos. As leis não se aplicam a si mesmas. Torná-las eficazes gera custos, exigem-se estruturas de fiscalização e sanção. Sem isso, essas normas não pegam. Tornam-se previsões abstratas, que não se concretizam, ficando restritas ao limbo do *dever ser*. Apenas para colorir com exemplos, não consta que pedestres sejam multados ao infringir normas de trânsito, embora essa possibilidade exista no mundo do dever ser (art. 294 do CTB).

Pois bem, o que isso tem a ver com a Lei de Liberdade Econômica? Muita coisa. A Lei é o típico exemplo de norma que pretende dar nova conformação à realidade. A *Declaração de Direitos de Liberdade Econômica* é claro exemplo disso. A Lei, mais do que regular condutas determinadas, pretende, a partir de princípios gerais, aumentar a liberdade de empreender no país. Sua finalidade é ampliar a autonomia dos agentes privados, estatuindo em abstrato direitos de liberdade.

Como se percebe, trata-se de uma lei ambiciosa. No seu DNA está a tentativa de tornar o Brasil um país mais aberto à livre iniciativa. A Lei se pauta na ideia de que compete preferencialmente aos particulares implementar o desenvolvimento econômico.[1] E para que isso seja garantido é necessário restringir a atuação do Estado sobre as atividades econômicas. Ou pelo menos limitá-la, evitando a criação de padrões irracionais.

Em termos diretos: há um *trade off* claro entre a liberdade dos privados e as limitações que se impõem ao Estado ao conformar a ordem econômica. Isso porque, segundo a ótica da Lei, o que limita a liberdade econômica é a atuação do Estado. Ou seja: a *Lei de Liberdade Econômica é uma norma que busca limitar o Estado*. Colocar o foco na liberdade dos particulares é apenas uma maneira de deixar elíptico que o principal objetivo da Lei é criar limites à atuação do Estado. Os direitos de liberdade econômica são típicos direitos de limitação da atuação pública,[2] resgatando-se, aqui, discussões corriqueiras entre o intervencionismo e o liberalismo nas relações sociais.

---

[1] Recentemente, circulou a notícia que a Prefeitura de determinado município do Maranhão baixou decreto definindo o preço da carne por Decreto. Disponível em: https://www.conjur.com.br/2019-dez-12/prefeito-cidade-maranhao-baixa-preco-carne-decreto. O exemplo é anedótico, mas representa com precisão o modo pelo qual muitos enxergam a atuação do Estado sobre a economia.

[2] Cf. CANOTILHO, Joaquim José Gomes. *Direito constitucional e teoria da Constituição*. 5. ed. Coimbra: Almedina, 2002, p. 393.

A grande questão é saber se o espírito da Lei realmente será capaz de gerar os benefícios por ela pretendidos. Isso porque o ambiente econômico brasileiro é historicamente marcado pela intensa presença estatal. Seja por meio da atuação direta, seja por meio da atividade regulatória. O grande risco que se corre é que a Lei, assim como a multa para pedestres, não pegue. Contudo, diferentemente das multas, neste caso os prejuízos experimentados pela sociedade serão sistêmicos e muito mais agressivos.

Volta e meia surgem notícias da tentativa de se implementarem normas que vão na contramão da liberdade econômica, como, por exemplo, a tentativa de se tabelarem preços pela via de Decreto municipal em que consequentemente (e obviamente) acabam por gerar efeitos inversos ao pretendido e, assim, oneram excessivamente a iniciativa privada, os usuários e a própria classe que o reivindicou, sem falar na restrição de mercado e na diminuição da concorrência.

Este será o ângulo explorado no presente artigo. Até que ponto a Lei de Liberdade Econômica deverá ir sem produzir os efeitos inversos ao que dela se esperam e, ainda, de que modo esta Lei pode limitar as atividades do Estado. Tudo isso com a intenção de tornar a Lei de Liberdade Econômica uma lei que irá *pegar*.

2 Modos de atuação do Estado sobre a Ordem Econômica e o primado da liberdade econômica

O Estado atua sobre o mercado de várias maneiras distintas. Há atividades reservadas ao Estado que podem ser exploradas diretamente ou mediante concessão (art. 175 da CF), "a Administração pública em sentido objetivo engloba: *fomento, polícia administrativa, serviço público* e *intervenção*".[3] Ainda, pode-se incluir a *regulação* como tipo de função administrativa, compreendida como a "atividade estatal de intervenção indireta sobre a conduta dos sujeitos públicos e privados, de modo permanente e sistemático, para implementar as políticas de governo".[4]

Assim, há a possibilidade de o Estado constituir empresas para atuar em mercados privados, concorrendo com particulares (por meio de estatais). Através desta atuação direta *o Estado passa a atuar como*

---

[3] Cf. MORAES, Alexandre de. *Direito constitucional administrativo*. 2. ed. São Paulo: Atlas, 2005, p. 92.

[4] JUSTEN FILHO, Marçal. *Curso de direito administrativo*. 9. ed. São Paulo: Saraiva, 2005, Revista dos Tribunais, 2013, p . 447.

empresário comprometendo-se com a atividade produtiva, quer sob a forma de empresa pública quer sob a de sociedade de economia mista.[5] Há ainda a atuação como ente regulador. Nesses casos, o Estado age de modo indireto, atuando de modo a conformar a atuação privada. Para tanto, expede normas que impactam sobre as decisões empresariais. Ainda na linha da atuação indireta, o Estado pode fomentar atividades econômicas, concedendo incentivos para obtenção de certos resultados. Essas atuações do Estado podem ser globais ou setoriais, *levando em consideração o seu alcance, sendo que a globais afetam a economia no seu conjunto e as setoriais apenas em determinados setores, pontualmente.*[6]

Enfim, há uma ampla paleta de atribuições regulatórias de que o Estado pode se servir. E historicamente, o Estado brasileiro sempre se fez bastante presente na vida econômica da sociedade.

Comum a todas essas formas de atuação é que o Estado deve estar autorizado por Lei para agir no domínio econômico. Além da legalidade em sentido amplo, a Constituição exige que haja autorização legal para que o Estado constitua empresas (art. 173 da CF), serviços públicos devem ser criados por lei e restrições às atividades privadas exigem autorização legal específica (art. 170, Par. Único.). "O que não pode é a Administração Pública, por ato próprio, de natureza administrativa, optar por um regime jurídico não autorizado em lei."[7]

Em termos gerais, o modelo constitucional consagra ampla liberdade de iniciativa econômica, ressalvadas as atividades que se constituem serviços públicos exclusivos e atividades prestadas em regime de monopólio. As restrições a essa liberdade só podem ser previstas por lei em sentido formal. Note que a Constituição exige reserva estrita de lei aqui, o que garante que os limites à liberdade devem respeitar a legalidade estrita.

De todo modo, ao lado das regras que preveem a liberdade de iniciativa, a Constituição consagra diversos títulos jurídicos que autorizam a atuação do Estado sobre a Ordem Econômica. Com efeito, a Constituição autoriza o Estado – desde que autorizado por lei – a impor padrões de atuação ao mercado. Isso traz de pronto a necessidade de se arbitrarem os conflitos havidos nas diferentes sociedades acerca do tema. O campo por excelência em que isso ocorre é o da política.

---

[5] FONSECA, João Bosco Leopoldino da. *Direito Econômico*. Rio de Janeiro: Forense, 2005. p. 280.

[6] DE LAUBADÉRE, André. *Direito Público Económico*. Coimbra: Almedina, 1985, p. 28.

[7] DI PIETRO, Maria Sylvia Zanella. *Direito Administrativo*. 30. ed. Rio de Janeiro: Forense, 2017, p. 92.

No Parlamento, em concurso com o Executivo, as diferentes visões de mundo devem se acomodar. Consensos são firmados, e isso leva à implementação de diferentes modelos de atuação. A política é a arte do possível, nela se acomodam as ideologias e o papel do Estado é definido de acordo com esse processo.

Outro ponto a ser destacado é que desde o Estado de Bem-Estar Social se assistiu a uma progressiva presença do Estado interventor (por onde passamos pelo Estado Regulador),[8] que passou a concorrer com a iniciativa privada no que se refere ao seu papel na economia. Esse é um fenômeno que impactou sobremaneira o princípio de liberdade econômica, que deixou de limitar em concreto a intervenção estatal. Tal como descrito por Gerard Farjat, houve a generalização da atuação do Estado, caracterizada por três aspectos. Primeiro, a liberdade de empresa deixou de ser um limite efetivo à atuação do Estado sobre o domínio econômico. Segundo, na prática, não haveria qualquer domínio econômico infenso à presença do Estado. Terceiro, quantitativamente, o Estado ocupa um papel de destaque na economia. Ou seja, uma das características do Estado de Bem-Estar Social é, precisamente, a perda de referência da ideia de liberdade econômica. Tal premissa fica em segundo plano em sistemas que investem na atuação cotidiana do Estado sobre a ordem econômica.[9]

Como se percebe, no que se refere às decisões fundamentais, a Constituição foi suficientemente sábia ao não impor um modelo definitivo. Isso significa que diferentes visões políticas, desde que legitimadas democraticamente, têm a possibilidade de conformar o ordenamento jurídico segundo suas visões de mundo. O Brasil já viveu períodos de maior intervenção e de relativa liberalização. Embora o discurso jurídico seja utilizado pelos que não detêm a maioria democrática como peça de resistência, hipertrofiando a normatividade constitucional, é fato que a Constituição permite uma certa ductilidade no que se refere às políticas a serem implementadas no campo econômico. Em termos

---

[8] Em que, segundo Marçal Justen Filho, foi o período que se atenuou a relevância das propostas de intervenção direta e material. O modo de realizar o bem comum, num Estado Regulador, consiste na atuação regulatória, o que se traduz basicamente na edição de regras e outras providências orientadas a influir sobre a atuação das pessoas e instituições. (JUSTEN FILHO, Marçal. *O direito das agências reguladoras independentes*. São Paulo: Dialética, 2002. p. 27.)

[9] FARJAT, Gerard. *Droit Economique*. Paris: PUF, 1971, p. 210-215. No mesmo sentido, referindo-se à extensão da liberdade econômica no ambiente brasileiro: CARVALHOSA, Modesto. *A Ordem Econômica na Constituição de 1969*. São Paulo: Revista dos Tribunais, 1972, p. 111-112.

diretos: há certas zonas de certeza, e muita margem para conformação legislativa. E isso é importante com vistas a permitir que o Estado atue sobre a economia de acordo com as contingências temporais.

Uma dessas zonas de certeza é o primado da liberdade econômica, consagrado no art. 170, *caput* da CF. A valorização do trabalho e a liberdade de iniciativa são pedras angulares da Ordem Econômica que, por sua vez, pode ser definida como *o conjunto de normas que define, institucionalmente, um determinado modo de produção econômica.*[10] Nessa linha, decisões políticas que busquem suprimir por completo a liberdade de iniciativa não são conformes à Constituição. Mas, para além disso, há diversos modelos possíveis, sendo eles decorrência de circunstâncias externas ao Direito.

Isso tudo é importante para perceber que *a Lei de Liberdade Econômica é uma lei que pretende ocupar o papel de uma espécie de lei quadro no que se refere à atuação do Estado sobre a economia*, notadamente naquilo que se refere à atuação que incide sobre a atividade privada. No dizer de Fábio Ulhoa Coelho, ela busca a dar concretude ao princípio da liberdade econômica contido na Constituição, dotando os intérpretes de padrões de interpretação claros acerca da extensão desse direito fundamental.[11]

Em última análise, a Lei busca que a intervenção estatal seja submetida a limites. Ela busca submeter a capacidade de o Estado intervir na economia a limites mais nítidos. A própria indicação de que se trata de direitos de liberdade acentua essa perspectiva: pois direitos de liberdade são direitos que protegem indivíduos da atuação estatal. Em linhas gerais, esclarecendo até onde o Estado pode e deve ir cria-se segurança. Segurança ao particular acerca dos limites do Estado e por outro lado segurança ao Estado que poderá e deverá explorar suas funções verticalmente, sem o receio de estar invadindo ou extrapolando suas competências.

3 O alcance da Lei de Liberdade Econômica

Ao se analisar a Lei, a primeira intuição do intérprete é focar nos direitos de liberdade econômica, lembrando-o que *todo instituto jurídico é um conjunto ordenado de normas, cabendo-o analisá-las e interpretá-las com*

---

[10] GRAU, Eros Roberto. *A ordem econômica na Constituição de 1988*. São Paulo: Malheiros. 2004, p.63.

[11] Uma Lei oportuna e necessária. *In Liberdade econômica – O Brasil livre para crescer*. GOERGEN, Jerônimo (Org.), e-book, 2019, p. 24-32.

vista à sua aplicação,[12] *segundo métodos próprios*. Isso deixa de lado talvez o ponto mais importante da Lei. Um dos aspectos mais relevantes da Lei é o seu alcance. O art. 1º cuida de dar algumas premissas que precisam ser postas em relevo. Primeiro, a norma se destina a alcançar a atuação do Estado sobre a ordem econômica, como agente normativo e regulador (cf. *caput*). Segundo, é uma norma que conforma a interpretação e aplicação das regras do direito civil, empresarial, econômico, urbanístico e do trabalho (§1º), excetuando-se da sua incidência do direito tributário e financeiro (§3º). Logo, os preceitos da Lei devem ser levados em conta ao interpretar normas relativas aos negócios privados e também no que se refere às normas produzidas pela Administração. Por sua vez, o §2º esclarece que a interpretação que a Lei preceitua no que se refere a "normas de ordenação pública sobre atividades econômicas" é a de potencializar a boa-fé, o respeito aos contratos e investimentos e à propriedade. Por fim, o §4º explicita que a Lei, no que se refere aos direitos de liberdade econômica (arts. 1º a 4º) é "norma geral de direito econômico", produzida segundo os ditames do art. 24 da Constituição, o que implica que ela seja observada por Estados, Distrito Federal e Municípios.

Como se percebe, a Lei tem incidência nacional, e condiciona a atuação dos demais entes federativos ao tratar de temas cuja competência legislativa é concorrente. Embora possa haver complementação da legislação federal, ela deverá estar em linha com o conteúdo das normas gerais. Perceba-se, que *a primazia legislativa está reservada à Lei produzida pela União*, que no que se refere a normas gerais tem abrangência nacional.[13] Logo, a título de complementar a Lei não se pode buscar deturpar seus princípios.

Como se percebe do exame conjugado dessas disposições, a Lei tem alcance amplo, tendo como principal destinatário de suas normas o próprio Estado quando exerce a sua competência de conformar a ordem econômica. Francisco Zardo chama a atenção para esse aspecto, classificando a Lei como sendo "norma de sobredireito".[14] Isso significa, em última análise, que a os preceitos de liberdade contidos na Lei devem ser considerados na aplicação de outras regras. *Cuida-se a toda*

---

[12] GOMES, Orlando. *Direito Econômico*. São Paulo: Saraiva, 1977, p. 9.

[13] Nesse sentido SARLET, Ingo Wolfgang; MARINONI, Luiz Guilherme; MITIDIERO, Daniel. *Curso de Direito Constitucional*. 6. ed. São Paulo: Saraiva, 2017. p. 896-898.

[14] A Lei de Liberdade Econômica e alguns reflexos sobre o Direito Administrativo. *In Liberdade econômica – O Brasil livre para crescer*. GOERGEN, Jerônimo (Org.), e-book, 2019, p. 58.

evidência de norma geral acerca da atuação do Estado na economia que só pode deixar de ser aplicada, se excepcionada por norma específica, que dê orientação diversa daquela contida na Lei.

Nessa perspectiva, os direitos de liberdade que estão contidos na Lei têm ampla incidência, conformando a interpretação e a aplicação dos demais atos normativos cujo objeto seja regular o exercício da atividade econômica privada. Mais do que isso, naquilo que se configura como norma geral, apenas havendo derrogação específica é que os princípios da Lei poderão ser afastados.

Como se percebe, *ao expedir uma norma geral de alcance nacional, definidora de uma série de princípios relativos à liberdade econômica, a Lei acabou por instalar uma lei quadro que condiciona o exercício de toda ação de intervenção do Estado sobre a economia.* Mesmo subsistindo a capacidade de se implementarem derrogações pontuais à incidência da Lei, isso depende de ser feito por lei em sentido formal. Mais do que isso, naquilo que constitui competência concorrente entre os diversos entes federativos, os padrões gerais da Lei são de observância vinculante em toda nossa federação.

Postas as coisas em perspectiva, pode se perceber que uma das grandes virtudes da Lei é, precisamente, ter um âmbito de incidência amplo. Mais do que estipular uma carta de direitos de liberdade, a Lei institui que isso deve ser observado de modo amplo, o que acaba por reconfigurar as premissas pelas quais o Estado deve atuar sobre a ordem econômica. Em suma, *o que a Lei faz é reconfigurar as premissas pelas quais o Estado intervém na ordem econômica.* A partir dela uma nova racionalidade é instalada. E como visto, defecções ao padrão da Lei só podem ser implementadas por normas específicas.

A conclusão a que se alcança é que a Lei cria limites à intervenção do Estado sobre a ordem econômica que assumem o *status* de norma geral. Toda atuação estatal de natureza interventiva *deve* se amoldar aos pressupostos da Lei, sendo justificada a partir de seus princípios e pressupostos.

4 Declaração dos direitos de liberdade econômica

Seguindo a longa tradição jurídica de criar uma *carta de direitos*, a Lei institui uma declaração de direitos de liberdade econômica (art. 3º). Neles se encartam normas que dizem respeito à interpretação dos negócios jurídicos privados e também se preveem liberdades a serem exercidas em face do próprio Estado. Tais direitos são concedidos a todas as pessoas naturais e jurídicas sendo ainda qualificados como "essenciais para o desenvolvimento e crescimento do País", buscando ressaltar o espírito da Lei. Do ponto de vista da relação entre particulares e administração, essa Declaração instituiu direitos de proteção do privado face ao Poder Público.

O inc. I prevê o direito de explorar atividades econômicas de baixo risco sem a necessidade de autorização prévia. Nesses casos o atendimento dos requisitos da Lei se faz *a posteriori* (§2º). O tema visa a facilitar o acesso de particulares a empreendimentos que não gerem externalidades negativas para a sociedade, assegurando que em tais casos é desnecessária a autorização prévia do Estado. O tema deve ser objeto de regulação que defina o conceito de baixo risco (§1º). O ponto central aqui é o conceito. Desburocratizar atividades econômicas de baixo risco faz com que um maior número de empreendedores privados invista no seu próprio negócio. Ao invés do privado iniciar sua atividade em mora com o Poder Público, seja na entrega de documentos ou expedição de licenças, inicia-se a exploração da atividade estabelecendo uma relação de confiança entre o público e o privado.

O inc. III prevê a possibilidade de livre fixação de preços, em mercados não regulados. Soma-se a isso a incidência de normas de direito da concorrência e de defesa do consumidor, que podem restringir o aumento abusivo dos lucros. Reconhece-se assim o direito de o particular praticar os preços que entender adequados, sujeitando-se às contingências da Lei da Oferta e da Demanda. Isso reforça que *a formação dos preços é uma decisão do empreendedor privado*. Somente em setores regulados, nos quais esteja previsto que o Estado pode controlar a formação de preços, é que se pode restringir esse direito. Fora de hipóteses previstas em Lei de modo taxativo, a formação dos preços é decisão empresarial que não pode ser questionada por terceiros, ou melhor, que será controlada pelo mercado na melhor prática da oferta e demanda, sem retirar do Estado o poder de adoção de medidas anticoncorrenciais.

A isonomia diante da Administração é reforçada como direito de liberdade econômica. De acordo com o inc. IV é direito de todos receber o mesmo tratamento dos órgãos públicos, notadamente no que se refere aos requisitos necessários para o exercício de atividades econômicas. Em especial, a Administração deve ser deferente às suas decisões anteriores, de maneira a decidir os temas de modo coerente. Isso, em verdade, dá densidade ao pressuposto da boa-fé, diversas vezes contemplado na Lei e, ainda, fortalece a segurança jurídica nas relações, ao passo que o particular, conhecendo as decisões anteriores da Administração, não poderá ser surpreendido por decisões subjetivas ou arbitrárias.

Outro ponto em que a Lei inova é na garantia à inovação. A Lei (inc. VI) assegura aos particulares o direito de exercerem atividades econômicas inovadoras, mesmo à revelia das normas vigentes, desde que essas se mostrem obsoletas, considerando o estado da arte da tecnologia. A Lei de modo inovador indica que, quando as normas vigentes estiverem defasadas, o particular terá direito de utilizar novas tecnologias. Busca-se evitar assim que a adoção de certos padrões inviabilize a utilização de novas tecnologias. Cuida-se, aqui, contudo, de norma de eficácia contida. A efetiva implementação dessa situação deve ser objeto de regulamentação. De toda sorte este é um grande passo para a evolução de nossa economia. Em tempos como o nosso existem diversos campos que não são e nem devem ser priorizados pela Administração; contudo, em alguns casos, demonstram ser prósperos à iniciativa privada, não devendo o particular ser privado da exploração por um desinteresse do poder público. Nas palavras de Phillip Gil França devemos sempre considerar *o inevitável instinto de desenvolvimento humano, e sua relação com o meio em que vive, as pessoas cada vez mais procuram a autossuperação e a dominação dos demais partícipes do território que entende ser seu.*[15] Assim, o conservadorismo público não deverá obstar a ousadia privada.

O inc. IX da Declaração visa a proteger a boa-fé no que se refere à liberação das atividades econômicas. De acordo com este preceito, os atos de liberação devem ter prazo para serem decididos, sendo que a ausência de decisão implica o direito de particular exercer a atividade. Ou seja, os atos de liberação que estejam devidamente instruídos, devem ser analisados no prazo previsto, sob pena de serem considerados autorizados. Este é um grande avanço para o fomento de novas explorações econômicas. Se antes o empreendedor deveria escolher entre prestar seus serviços sem autorização ou aguardar meses até poder executá-la, hoje a inércia da Administração não deverá gerar ônus ao particular.

Por fim (inc. XI), a Lei se ocupa de tornar claro que em matéria de urbanismo não se podem exigir compensações desproporcionais dos empreendedores privados, obrigando-os a assumir investimentos que não tenham estrita relação com os empreendimentos por eles implementados.

---

[15] FRANÇA, Philip Gil. *O Controle da administração pública*: discricionariedade, tutela jurisdicional, regulação econômica e desenvolvimento. 3. ed. São Paulo: Revista dos Tribunais, 2011, p. 34.

Tais direitos configuram espaços de proteção dos indivíduos em face do Estado. Na exata medida em que eles configuram direitos subjetivos, eles limitam a atuação do Estado. Tais direitos configuram o núcleo duro da liberdade econômica no que se refere à possibilidade de o Estado atuar sobre a liberdade econômica dos indivíduos. Em verdade, está-se a impedir que o Estado atribua obrigações que lhe competem ao particular pelo simples fato deste estar a explorar atividade econômica em certo espaço geográfico. A Administração deverá assumir com suas obrigações e não poderá continuar a terceirizar suas obrigações perante a sociedade ao particular que pretende explorar certa atividade econômica. Referida medida possui o condão, inclusive, de minorar significativamente o chamado *Custo Brasil*.[16]

Por outro lado, a previsão de uma Declaração de Direitos opera como um importante vetor interpretativo da Lei. Com efeito, como destacado, o espírito da Lei é criar espaços de autonomia e autodeterminação dos particulares no que se refere à organização das suas atividades econômicas. Os direitos de liberdade devem ser levados em conta na interpretação de temas de direito econômico que contraponham o Estado e o indivíduo.

Nessa perspectiva, além dos direitos especialmente consagrados como espaços de liberdade, nos quais o legislador nacional criou espaços de restrição para atuação estatal, a lei previu também medidas de fomento e incentivo para que o indivíduo esteja seguro para a prática de determinadas atividades econômicas.

5 Os pressupostos para a intervenção do Estado na economia segundo a Lei de Liberdade Econômica

Como indicado acima, a Lei institui uma norma geral de direito econômico que vincula o Estado no exercício da sua competência de intervir na ordem econômica. Salvo derrogação pontual, os pressupostos da Lei devem ser observados pelo Estado ao atuar sobre a ordem econômica.

---

[16] Conforme bem definiu Armando Castelar Pinheiro "Custo Brasil é o custo adicional de transacionar, de realizar negócios, no Brasil, em comparação ao custo em um país com instituições que funcionam adequadamente. Nesse sentido, Custo Brasil é um conceito associado, de um lado, às instituições do país e, de outro, ao custo de transacionar. Custo Brasil pode ser definido como o conjunto de deficiências dos fatores sistêmicos da economia brasileira que se traduzem em maiores custos internos em comparação com outras economias. PINHEIRO, Armando Castelar. A justiça e o Custo Brasil in *Revista USP*, nº 101. p. 141-459, mar./abr./maio 2014.

Primeiro, *a Lei traz princípios relativos à atuação do Estado*. Nesse sentido, o art. 2º traz prescrições que orientam a relação Estado/particular no que se refere ao exercício da liberdade econômica. De acordo com o artigo, a liberdade deve ser assegurada no exercício das atividades econômicas (inc. I), a boa-fé do particular é compreendida como o padrão de relacionamento dele com o Estado (inc. II), a intervenção deve ser subsidiária e excepcional (inc. III) e ainda o particular deve ser visto como vulnerável em face da Administração (inc. IV).

Como é da natureza dos princípios, as normas contidas no art. 2º são abertas e permitem várias abordagens. De todo modo, é importante perceber que há um fio condutor que une todas as ideias. Depurados de sua amplitude, os referidos princípios convergem para garantir aos particulares o direito de organizarem suas atividades de maneira livre, isto é, segundo seus interesses, devendo esse espaço ser respeitado pelo Estado, especialmente, porque na maioria das vezes a integralidade do risco da atividade é assumida pelo próprio particular. Nessa linha, os princípios servem para interditar que o Estado viole esse espaço de liberdade que se reconhece à iniciativa privada. Nesse contexto é de especial importância a ideia de excepcionalidade da atuação pública, pois isso cria o ônus argumentativo de o Estado justificar em concreto medidas que limitem a liberdade de iniciativa. Medidas interventivas, portanto, só podem ser legitimamente produzidas se forem capazes de demonstrar sua necessidade e utilidade.

Os princípios previstos em abstrato no art. 2º ganham densidade ao se analisar o que prevê o art. 4º da Lei, que se volta, especificamente, à Administração Pública quando adota medidas que impactam sobre as atividades econômicas. Nesses casos, a lei previu a inovadora figura do abuso de poder regulatório, que configura uma espécie qualificada de uso indevido de prerrogativas públicas.[17] Mais do que regular em abstrato que o Estado não deva intervir de modo arbitrário sobre os mercados, a Lei tipificou isso como comportamento antijurídico, indicando hipóteses em que isso se configura (ainda que de modo exemplificativo). Nessa linha, a atuação interventiva do Estado deve se conformar a diversos padrões instituídos pelo art. 4º.

Nesse contexto, a norma visa a impedir que por meio da atuação interventiva do Estado, notadamente a de caráter normativo, crie deflexões à liberdade de concorrência ou, ainda pior, que se criem

[17] Sobre o tema do abuso: GUIMARÃES, Bernardo Strobel. Abuso do "Poder Regulador" (o que é e como se controla), in *Liberdade econômica – O Brasil livre para crescer*. GOERGEN, Jerônimo (Org.), e-book, 2019, p. 68-84.

barreiras intransponíveis ao exercício de determinada atividade. Com efeito, um dos modos pelos quais tradicionalmente grupos de interesse agem é buscando obter normas que lhes protejam dos efeitos da livre concorrência na conhecida *rinha de corporações*. A Lei busca coibir a implementação desse resultado proscrevendo que pela via da intervenção se criem reservas de mercado em favor de certos agentes econômicos (inc. I), que se criem via enunciados barreiras de acesso a mercados (inc. II), o mesmo valendo para especificações técnicas que sejam despidas de fundamento técnico (inc. III).

Na mesma linha vai a previsão do inc. VI que proíbe que se crie demanda artificial por determinado produtos ou serviço, que não decorra de movimentos naturais de mercado. Com esse corpo de princípios percebe-se que o que se está a exigir é que a intervenção seja deferente à concorrência, reconhecendo-se que muitas vezes as ofensas a esse bem jurídico podem decorrer não do abuso do poder dominante de determinados agentes econômicos (como nos preços de monopólio, por exemplo), mas da captura do regulador por interesses setoriais específicos que agem com vistas a restringir a concorrência nos mercados em que atuam.

Como bem apontado, a Lei pretende também favorecer a inovação. Nesse sentido, e mediante outro dispositivo legal, ela indica que é vedado criar restrições à inovação, salvo se enquadráveis em situações previamente definidas como sendo de alto risco (inc. IV). Assim, a princípio, a instalação e operação de novas tecnologias é livre, não podendo ser criados embaraços de qualquer ordem de maneira casuística. Nesse sentido, a exigência de definição prévia das atividades que envolvem risco visa a dar segurança aos empreendedores, que poderão pautar a sua atuação por parâmetros já previamente conhecidos. Com efeito, a Lei fomenta a adoção de novas tecnologias, reconhecendo que a inovação é um dos pilares do desenvolvimento econômico e, por outro lado, impede que grupos setoriais impeçam o engrandecimento de novas tecnologias por questões puramente subjetivas ou de reserva de mercado.

Outro corpo de restrições diz respeito à inviabilidade de onerar a atividade privada, sem demonstração de benefícios decorrentes de tais limitações. O foco aqui é exigir que restrições sejam promovidas apenas nos casos em que há sentido. Em suma, busca-se vedar a adoção da burocracia pela burocracia. Busca-se prestigiar a exploração da atividade econômica em detrimento da indústria do selo e carimbo. Através destes diplomas reconhece-se que em nosso sistema jurídico e empresarial como um todo existem demasiadas regras que dificultam, e muitas vezes impedem, a exploração de determinada atividade econômica, sendo imperioso subtrair referidas regras para o bem coletivo e a ascensão de nossas atividades econômicas.

Nessa linha, a Lei proíbe o aumento de *custos de transação* sem demonstração de benefícios sociais que legitimem tal incremento (inc. VI). Por custos de transação compreendem-se os valores que são necessários para implementar uma operação econômica. De acordo com a teoria econômica, quanto menores os custos de transação, maior a eficiência alocativa dos recursos. O que se pretende aqui é evitar que se criem dificuldades que onerarão a produção econômica e o consumidor final. O foco é evitar que a regulação excessiva onere o custo dos negócios, prestigiando o acesso e a exploração da economia.

No mesmo sentido, a Lei prevê a proibição de restrições a livre organização subjetiva dos negócios (inc. VII). A Lei proíbe que se criem restrições à formação de sociedades empresariais e de atividades econômicas. A regra é que tais decisões competem aos detentores do capital a ser investido, evitando que se criem restrições externas a quem tomará o risco do negócio. Para que haja restrições dessa natureza é necessário que haja previsão em Lei específica e que essa lei seja toda de justificativa suficientemente sólida para que se restrinja a livre organização dos negócios privados.

Por fim, a Lei veda que a título de se verificar a regularidade fiscal, outros requisitos sejam exigidos, de modo a embaraçar o direito de exercer atividade econômica de baixo risco, independente de autorização prévia (inc. IX). A ideia aqui é tornar o mais simples possível o acesso às atividades econômicas previstas no art. 3º, I, como sendo de baixo risco. Logo, a liberdade prevista pela Lei não pode ser tolhida por vias elípticas, tal como a indevida utilização do poder de polícia fiscal para tanto. Ao que tudo indica, o legislador aprendeu com a experiência de diplomas anteriores que todas as disposições devem estar em conformidade para que se possa evitar que se dê com uma mão e se retire com a outra.

Como se percebe do exame conjunto dos incisos do art. 4º, em verdade, criam-se limites para o exercício do *poder regulatório* do Estado. Em suma, todos eles convergem para exigir que haja demonstração concreta de vantagens para o interesse público quando se adotam padrões de atuação que derrogam a liberdade de empresa. Sem que haja a apresentação objetiva de vantagens para o interesse público, restrições não poderão ser implementadas.

Perceba-se que *o resultado da visão instalada pela Lei inverte a tradicional presunção de legitimidade que se reconhece aos atos produzidos pelo Poder Público em matéria de restrições à atividade econômica privada.*

A interpretação que se faz aqui é em favor da liberdade econômica. As restrições propostas pelo Estado no exercício de sua competência regulatória só podem ser implementadas se demonstradas concretamente as vantagens que compensem os sacrifícios propostos. Logo, *assume especial relevo o procedimento de produção dos referidos atos, exigindo-se que a motivação seja capaz de demonstrar, de modo concreto, que há vantagens nas restrições propostas e que elas são restritas a casos específicos, vedando-se a criação de poder controlador amplo e irrestrito*. Assim, impede-se a prática de atos de abuso de poder por "autoridades que embora competentes para a prática do ato, ultrapassam os limites de suas atribuições ou se desvia das finalidades administrativas"[18] conforme determina a lei.

Fixadas essas premissas, perceba-se- que embora o art. 5º não seja qualificado como norma geral de direito econômico para fins de incidência do art. 1º, §4º, fato é que a necessidade de justificativa em concreto das medidas interventivas torna muito difícil que se possam criar restrições que não sejam embasadas em estudos que demonstrem que seus benefícios justificam, concretamente, a edição da medida. Consequentemente, essa diretriz busca trazer segurança jurídica ao particular.

6 Conclusão

Como se viu, a Lei de Liberdade Econômica inova no que se refere às relações entre o Estado e os empreendedores privados. Ela vai no sentido de reforçar o espaço de autonomia dos empreendedores privados. Como consequência desse objetivo, a intervenção do Estado na economia passa a se sujeitar a requisitos mais estreitos. Em termos gerais, a Lei exige que a atuação do Estado se dê em caráter subsidiário, devendo justificar-se em concreto. Medidas que não sejam justificadas caracterizam abuso do poder regulatório por parte do Estado. Com efeito, a título de expedir normas que conformam a atuação dos agentes econômicos, o Estado não pode promover medidas que atentem contra o núcleo da liberdade econômica. Nessa linha, a atuação do Estado sobre a ordem econômica além de estar autorizada por lei em sentido formal deve ser exercida dentro de parâmetros que garantam a integridade do núcleo duro dos direitos de liberdade econômica contidos na Lei.

---

[18] MEIRELLES, Hely Lopes. *Direito Administrativo Brasileiro*. Atualizado por AZEVEDO, Eurico de Andrade; ALEIXO, Délcio Balestero; BURLE FILHO, José Emmanuel. São Paulo: Malheiros, 2004, p.108.

Com a edição da Lei, não cabe intervir sobre a ordem econômica sem que haja a demonstração da necessidade e da adequação das medidas adotadas. Fora disso, a atuação do Estado é ilegítima. Medidas interventivas estão sujeitas a ônus de justificação específicos, não podendo se amparar em justificativas vagas ou apenas na presunção de legitimidade dos atos administrativos.

Enfim, a Lei reconfigura o papel do Estado interventor criando limites mais claros no que toca à restrição da liberdade econômica.

Informação bibliográfica deste texto, conforme a NBR 6023:2018 da Associação Brasileira de Normas Técnicas (ABNT):

GUIMARÃES, Bernardo Strobel; SOUZA, Caio Augusto Nazario de. Lei de Liberdade Econômica e os limites para a intervenção do Estado na Economia. *In*: HUMBERT, Georges Louis Hage (Coord.). *Lei de liberdade econômica e os seus impactos no Direito Administrativo*. Belo Horizonte: Fórum, 2020. p. 25-40. ISBN 978-85-450-0756-2.

A LEI Nº 13.874/2019 – LEI DE LIBERDADE ECONÔMICA – COMO INSTRUMENTO NORMATIVO CAPAZ DE COIBIR EVENTUAIS EXAGEROS DE REGULAÇÃO NO ÂMBITO DA AGÊNCIA NACIONAL DE SAÚDE SUPLEMENTAR – ANS, EM PARTICULAR NOS CASOS ENVOLVENDO ENTIDADES DE AUTOGESTÃO

DANIEL FERREIRA

MIGUEL FERREIRA FILHO

1 Considerações iniciais

O grau de interferência do Estado na economia, mormente no que se refere às relações estritamente privadas, sempre é motivo de acaloradas discussões, seja por parte dos próprios atores econômicos, dos juristas, dos integrantes do Ministério Público ou do próprio Poder Judiciário.

Destarte, uma análise da Lei nº 13.874, de 20 de setembro de 2019, que institui a Declaração de Direitos de Liberdade Econômica – ainda que perfunctória e preliminar – se reveste de particular interesse quando se tem em mira setores econômicos dotados de relevância pública, como é o caso da saúde (suplementar), e com maior particularidade sobre os contratos de planos de saúde das empresas de autogestão.

Trata-se de setor econômico que presta serviços de assistência à saúde à parcela significativa da população brasileira, equivalente a 47,1 milhões de beneficiários que são atendidos por 729 operadoras de planos de saúde,[1] cuja regulação foi atribuída à Agência Nacional de Saúde Suplementar (ANS), com vistas ao cumprimento de sua finalidade institucional, que consiste na promoção da defesa do interesse público na assistência suplementar à saúde.

Por outro lado, levando-se em consideração a livre iniciativa e a livre concorrência como juridicamente garantidas, há de se reconhecer a força obrigatória dos contratos de planos de saúde pelos quais se exige o respeito às suas cláusulas contratuais nos termos avençados pelos contratantes, ainda que limitada pela função social do contrato bem como por normas de ordem pública, como, por exemplo, o Código de Defesa do Consumidor, quando aplicável.

Ocorre que a prestação de serviços de saúde realizada por entidades denominadas de autogestão se submete, em alguns casos, a uma atuação homogênea por parte da ANS, inclusive no âmbito da regulação propriamente dita, ainda que possuam características distintas das empresas atuantes no setor.

O objetivo deste artigo é examinar, criticamente, o papel regulatório exercido pela ANS e os eventuais reflexos que a Lei da Liberdade Econômica pode promover em relação aos contratos de prestação de serviços de assistência à saúde, em particular quando firmados em regime de autogestão.

2 Intervenção estatal no domínio econômico: antes e depois da Lei nº 13.874/2019

Com o advento da Constituição da República Federativa do Brasil de 1988 operou-se profunda transformação no modo de se conceber, interpretar e aplicar o ordenamento jurídico pátrio, de modo que a tutela da liberdade, de cunho patrimonialista clássico do modelo liberal deixou de ser o cerne do interesse do Direito, dando lugar a valores fundados na dignidade ou com ela imbricados, alçando a pessoa humana ao papel de protagonista de uma sociedade que se impende construir

---

[1] BRASIL. Agência Nacional de Saúde Suplementar. *Dados gerais*. Brasília, 2019. Disponível em: http://www.ans.gov.br/perfil-do-setor/dados-gerais. Acesso em: 26 out. 2019.

como livre, justa e solidária e deixando para a propriedade um papel menor, de simples coadjuvante.[2]

Não por acaso, a Carta Política estatuiu que somente a propriedade (privada) cumpridora de função social é juridicamente reconhecida-protegida, uma vez que a ordem econômica tem por finalidade "assegurar a todos a existência digna, conforme os ditames da justiça social",[3] de modo que a intervenção estatal indireta, sob o prisma da regulação, resta admitida como uma maneira de conformar os instrumentos contratuais à realidade dos objetivos normativamente estipulados em 1988. Por esse motivo, Paulo Luiz Netto Lôbo afirma serem inconstitucionais políticas econômicas

> [...] públicas e privadas denominadas neoliberais, pois pressupõem um Estado mínimo e total liberdade ao mercado, dispensando a regulamentação da ordem econômica, que só faz sentido por perseguir a função social e a tutela jurídica dos mais fracos e por supor a intervenção estatal permanente (legislativa, governamental e judicial).[4]

Relembre-se: a CRFB explicita, nos incs. XXII e XXIII do art. 5º, a garantia ao direito de propriedade, mas sujeitando-o ao atendimento de função social. Além disso, tratando da ordem econômica, ela a reconhece como fundada na livre iniciativa e na valorização do trabalho humano, com vistas a assegurar a todos existência digna, consoante os ditames da justiça social, e determina a observação, dentre outros, dos princípios da propriedade privada (art. 170, inc. II) e da própria "função social da propriedade" (art. 170, inc. III).[5]

Assim sendo, é possível aludir a uma (aparente) antinomia normativa, no trato constitucional do direito de propriedade. Por um lado o art. 5º expõe o direito de propriedade numa perspectiva liberal clássica (inc. XXII - é garantido o direito de propriedade); por outro, confere-lhe dimensão social (inc. XXIII - a propriedade atenderá a função social). Similar situação ocorre, como visto, no próprio art. 170. Ou seja, se por

---

[2] LÔBO, Paulo Luiz Netto. Constitucionalização do direito civil. *Revista de Informação Legislativa*. Brasília, ano 36, n. 141, jan./mar. 1999. p. 103.

[3] Art. 170 "A ordem econômica, fundada na valorização do trabalho humano e na livre iniciativa, tem por fim assegurar a todos existência digna, conforme os ditames da justiça social" (BRASIL. *Constituição da República Federativa do Brasil*. Emenda constitucional nº 90, de 15 de setembro de 2015. 48. ed. Brasília: Edições Câmara, 2015).

[4] LÔBO, 1999, p. 107.

[5] BRASIL. *Constituição da República Federativa do Brasil*. Emenda Constitucional nº 90, de 15 de setembro de 2015. 48. ed. Brasília: Edições Câmara, 2015.

um lado a CRFB garante o interesse individual, de outro, e *pari passu*, exige satisfação do interesse social correlato. E, uma vez que referidas disposições normativas possuem igual *status* de norma constitucional não há como sustentar uma interpretação hegemônica de uma sobre outra, de modo que a superação dessa aparente antinomia – entre o direito de propriedade e a sua função social – deve ser alcançada por critérios hermenêuticos.

Nessa esteira, Miguel Reale destaca que a subordinação dos contratos a uma realização social não implica o esvaziamento do primado contratual clássico do *pacta sunt servanda*, pois ainda assim ele persiste como fundamento primeiro das relações contratuais. Para o referido jurista,

> o que o imperativo da "função social do contrato" estatui é que este não pode ser transformado em um instrumento para atividades abusivas, causando dano à parte contrária ou a terceiros [...] a atribuição de função social ao contrato não vem impedir que as pessoas naturais ou jurídicas livremente o concluam, tendo em vista a realização dos mais diversos valores. O que se exige é apenas que o acordo de vontades não se verifique em detrimento da coletividade, mas represente um dos seus meios primordiais de afirmação e desenvolvimento.[6]

Ocorre que dita função social foi inicialmente incorporada ao direito infraconstitucional pela Lei nº 10.406/02, que instituiu o Código Civil (CC), recebendo especial atenção dentro do título que cuida dos contratos em geral. No seu art. 421, previu-se, então, que: "a liberdade de contratar será exercida em razão e nos limites da função social do contrato".[7] [8]

No entanto, a recentíssima Lei de Liberdade Econômica alterou a redação do aludido dispositivo do Código Civil em vigor para: "Art. 421. A liberdade contratual será exercida nos limites da função social do contrato", além de incluir um parágrafo único que assim prescreve: "Nas relações contratuais privadas, prevalecerão o princípio da

---

[6] REALE, Miguel. *Função social do contrato*. 2003. Disponível em: http://www.miguelreale.com.br/artigos/funsoccont.htm. Acesso em: 27 out. 2019. s/p.

[7] BRASIL. Lei nº 10.406, de 10 de janeiro de 2002, que institui o Código Civil. *Diário Oficial [da] República Federativa do Brasil*, Brasília, DF, 11 jan. 2002.

[8] O art. 421 do Código Civil sofreu alteração pela Lei nº 13.784, de 20 de setembro de 2019, passando a ter a seguinte dicção: "Art. 421. A liberdade contratual será exercida nos limites da função social do contrato. Parágrafo único. Nas relações contratuais privadas, prevalecerão o princípio da intervenção mínima e a excepcionalidade da revisão contratual."

intervenção mínima e a excepcionalidade da revisão contratual".[9] Devido à nova dicção, chega-se a sustentar como *superada* uma crítica doutrinária anterior, no sentido de (im)possibilidade de contratação em *razão* da função social, servindo esta tão só de limite "à liberdade contratual, mas não se (*sic*) causa eficiente para seu exercício".[10]

De todo modo, resta indiscutível a força retórica da regra contida no parágrafo único, cuja explícita intenção é reforçar a cláusula *pacta sunt servanda*, ainda que prevendo a possibilidade de intervenção (estatal), desde que mínima, posto que a liberdade contratual encontra limite na função social para privilegiar uma relação equilibrada entre os contratantes, incidindo, por exemplo, nas cláusulas abusivas, nas compras casadas e no abuso de direito.

Contudo, a intervenção estatal indireta, por meio da regulação administrativa, pode e deve se mostrar mais presente e incisiva em face de atividades privadas sob *regime especial*, notadamente quando correspondentes a serviços sociais,[11] de induvidoso interesse coletivo, a ponto de configurarem serviços públicos quando prestados pelo próprio Estado ou por quem lhe faça as vezes. De conseguinte, e sem sombra de dúvida, serviços privados de assistência à saúde encontram-se nessa particular condição.

3 Os contratos de planos de saúde no Brasil

O primeiro fundamento para a participação da iniciativa privada na prestação de assistência à saúde encontra assento constitucional, notadamente no art. 199, *caput*, que a prevê, de plano, como "livre à iniciativa privada",[12] cabendo ao art. 20, da Lei nº 8.080/1990, melhor discipliná-la como sendo a "atuação, por iniciativa própria, de profissionais liberais, legalmente habilitados, e de pessoas jurídicas de direito privado na promoção, proteção e recuperação da saúde".[13]

---

[9] BRASIL. Lei nº 13.874, de 20 de setembro de 2019, que Institui a Declaração de Direitos de Liberdade Econômica [...]. *Diário Oficial [da] República Federativa do Brasil*, Brasília, DF, 20 set. 2019.

[10] RODRIGUES JUNIOR, Otávio Luiz; LEONARDO, Rodrigo Xavier. A Lei da Liberdade Econômica e as transformações no Código Civil brasileiro. *In*: GOERGEN, Jerônimo. *Liberdade Econômica*: o Brasil livre para crescer. Coletânea de artigos jurídicos, 2019. p.128.

[11] MARTINS, Ricardo Marcondes. *Regulação administrativa à luz da Constituição Federal*. São Paulo: Malheiros, 2011. p. 256-257.

[12] BRASIL. *Constituição da República Federativa do Brasil*. Emenda constitucional nº 90, de 15 de setembro de 2015. 48. ed. Brasília: Edições Câmara, 2015.

[13] BRASIL. Lei nº 8.080, de 19 de setembro de 1990, que dispõe sobre as condições para a

Em nosso país, as empresas privadas de planos de saúde surgiram em razão de crescentes demandas por um atendimento de assistência à saúde mais rápido e eficiente, o que ensejou a oferta não estatal de serviços dessa natureza à população, em limites contratuais pré-estabelecidos, na forma de adesão, mediante uma contraprestação financeira objetivamente fixada através de dois modelos de contrato bastante distintos: o contrato de seguro-saúde e o contrato de plano de saúde.

De acordo com Leonardo Vizeu Figueiredo, o contrato de plano privado de assistência à saúde pressupõe que o beneficiário, mediante pagamento, direto ou indireto (por meio de desconto salarial ou como vantagem a este agregada), e periódico de determinado valor, obtenha de empresa contratada a realização de atendimentos e procedimentos por meio de recursos próprios (rede própria) ou por ela indicados (rede credenciada ou conveniada/referenciada) dentro das regras de cobertura contratualmente estipuladas para fazer frente a certas enfermidades.[14]

Logo, para cumprimento desse desiderato, as operadoras de planos de saúde devem gerir os recursos captados de modo a garantir que a arrecadação suficiente da receita seja capaz de cobrir os riscos contratados. Afinal, sem a existência de um fundo suficiente não haveria como cumprir com as obrigações decorrentes dos riscos assumidos.[15] Destarte, é com base na solidariedade entre beneficiários que, ligados pelo mutualismo – enquanto característica dos contratos de seguro-saúde e de planos de saúde –, se garante o adimplemento dos custos da prestação de serviços de assistência à saúde.

Tais contratos instrumentalizam o fornecimento desses serviços mediante dois modelos organizacionais. De um lado se encontram as chamadas empresas de autogestão e, de outro, as cooperativas médicas, as empresas de medicina de grupo e, ainda, as instituições gestoras de seguro-saúde.

Enquanto nas empresas e demais entidades de autogestão a administração da prestação de serviços é realizada internamente e é

---

promoção, proteção e recuperação da saúde, a organização e o funcionamento dos serviços correspondentes e dá outras providências. *Diário Oficial [da] República Federativa do Brasil*, Brasília, DF, 20 set. 1990.

[14] FIGUEIREDO, Leonardo Vizeu. *Curso de direito de saúde suplementar*: manual jurídico de planos e seguros de saúde. 2. ed. Rio de Janeiro: Forense, 2012, p. 167.

[15] LOPES, Reinaldo de Lima. Consumidores de seguros e planos de saúde (ou, doente também tem direitos). *In*: MARQUES, Cláudia Lima; LOPES, Reinaldo de Lima; PFEIFFER, Roberto Augusto Castellanos (Coord.). *Saúde e Responsabilidade*: seguros e planos de assistência privada à saúde. São Paulo: Revista dos Tribunais, 1999. p. 30-32.

destinada aos indivíduos a ela intimamente ligados, as demais empresas delegam (ou podem delegar) os serviços e o universo de potenciais usuários-beneficiários não precisa guardar especial relação com elas próprias, sendo o serviço ofertado em regime aberto e universal, isto é, a quaisquer interessados.[16]

Com a edição da Lei nº 9.656/98, que dispõe sobre os planos e seguros privados de assistência à saúde, as empresas prestadoras de serviços de assistência à saúde se obrigaram a observar os preceitos do Código de Defesa do Consumidor – CDC (Lei nº 8.078/90) e boa-fé nas relações contratuais. Sua incidência recai, pois, sobre todas as empresas que ofertem planos de assistência à saúde com contraprestação pecuniária, independentemente de sua natureza jurídica ou forma de comercialização, genericamente denominando-as de operadoras e configurando-as nos moldes de um seguro.

Dita lei define o plano privado de assistência à saúde como sendo a

> prestação continuada de serviços ou cobertura de custos assistenciais a preço pré ou pós estabelecido, por prazo indeterminado, com a finalidade de garantir, sem limite financeiro, a assistência à saúde, pela faculdade de acesso e atendimento por profissionais ou serviços de saúde, livremente escolhidos, integrantes ou não de rede credenciada, contratada ou referenciada, visando à assistência médica, hospitalar e odontológica, a ser paga integral ou parcialmente às expensas da operadora contratada, mediante reembolso ou pagamento direto ao prestador, por conta e ordem do consumidor;[17]

Com lastro nesse avanço normativo, Leonardo Vizeu Figueiredo elenca novas conquistas sociais e consumeristas, com especial destaque para a obrigatoriedade prestacional do plano-referência,[18] que é a cobertura mínima exigida no art. 10 da Lei nº 9.656/1998, ao estabelecer a possibilidade de oferta de serviços de assistência à saúde em quatro produtos: a) cobertura assistencial médico-ambulatorial; b) internação hospitalar; c) atendimento obstétrico e; d) atendimento odontológico,

---

[16] MÉDICI, André Cezar. Incentivos governamentais ao setor privado de saúde no Brasil. *Revista da Administração Pública*, Rio de Janeiro, a. 26, v. 2, abr./jun., 1992. p. 81-82. Disponível em: http://bibliotecadigital.fgv.br/ojs/index.php/rap/article/viewFile/8798/7548. Acesso em: 28 out. 2019. p. 91-92.

[17] Art. 1º inciso I da Lei nº 9.656/98. (BRASIL, Lei nº 9.656, de 03 de junho de 1998, que dispõe sobre os planos e seguros privados de assistência à saúde. *Diário Oficial [da] República Federativa do Brasil*, Brasília, DF, 04 jun. 1998).

[18] FIGUEIREDO, 2012. p. 124.

fixando os serviços que devem obrigatoriamente estar incluídos nessas modalidades.[19]

Entretanto, a natureza dos contratos de planos de saúde se mostra consumerista apenas quando se constata o objeto contratual como sendo a prestação de serviços de assistência à saúde e se confirma que as figuras do consumidor e do fornecedor se apresentam consoante ao disposto nos arts. 2º e 3º da Lei nº 8.078/90 (CDC).[20] Justamente por isso, em 2018 o STJ editou a Súmula nº 608, pela qual foi excepcionada

---

[19] O art. 12 da Lei nº 9.656 indica os serviços que obrigatoriamente devem estar à disposição do beneficiário, de acordo com o tipo de produto contratado, de onde se extrai que no:
i) atendimento puramente ambulatorial: a operadora deve dar cobertura médica em clínicas básicas e especializadas, sem limite de consultas; cobertura de serviços de apoio diagnóstico, assim como tratamentos e demais procedimentos ambulatoriais solicitados pelo médico assistente e; cobertura de tratamentos antineoplásicos domiciliares de uso oral, incluindo medicamentos para o controle de seus efeitos adversos.
ii) quando incluir internação hospitalar: a cobertura de internações hospitalares, inclusive unidades de terapia intensiva, sendo vedada a limitação de prazo, valor máximo e quantidade, em clínicas básicas e especializadas; cobertura de despesas referentes a honorários médicos, serviços gerais de enfermagem e alimentação; dos exames complementares indispensáveis para o controle da evolução da doença e elucidação diagnóstica, fornecimento de medicamentos, anestésicos, gases medicinais, transfusões e sessões de quimioterapia e radioterapia, conforme prescrição do médico assistente, realizados ou ministrados durante o período de internação hospitalar; cobertura de toda e qualquer taxa, incluindo materiais utilizados, assim como da remoção do paciente, comprovadamente necessária, para outro estabelecimento hospitalar, dentro dos limites de abrangência geográfica previstos no contrato, em território brasileiro; cobertura de despesas de acompanhante, no caso de pacientes menores de dezoito anos; cobertura para tratamentos antineoplásicos ambulatoriais e domiciliares de uso oral, procedimentos radioterápicos para tratamento de câncer e hemoterapia, na qualidade de procedimentos cuja necessidade esteja relacionada à continuidade da assistência prestada em âmbito de internação hospitalar.
iii) quando incluir atendimento obstétrico: cobertura assistencial ao recém-nascido, filho natural ou adotivo do consumidor, ou de seu dependente, durante os primeiros trinta dias após o parto; inscrição assegurada ao recém-nascido, filho natural ou adotivo do consumidor, como dependente, isento do cumprimento dos períodos de carência, desde que a inscrição ocorra no prazo máximo de trinta dias do nascimento ou da adoção.
iv) quando incluir atendimento odontológico: cobertura de consultas e exames auxiliares ou complementares, solicitados pelo odontólogo assistente; cobertura de procedimentos preventivos, de dentística e endodontia; cobertura de cirurgias orais menores, assim consideradas as realizadas em ambiente ambulatorial e sem anestesia geral. (BRASIL, Lei 9.656, de 03 de junho de 1998, que dispõe sobre os planos e seguros privados de assistência à saúde. *Diário Oficial [da] República Federativa do Brasil*, Brasília, DF, 04 jun. 1998.)

[20] Art. 2º Consumidor é toda pessoa física ou jurídica que adquire ou utiliza produto ou serviço como destinatário final. Art. 3° Fornecedor é toda pessoa física ou jurídica, pública ou privada, nacional ou estrangeira, bem como os entes despersonalizados, que desenvolvem atividade de produção, montagem, criação, construção, transformação, importação, exportação, distribuição ou comercialização de produtos ou prestação de serviços. (BRASIL, Lei nº 8.078, de 11 de setembro de 1990, que dispõe sobre a proteção do consumidor e dá outras providências. *Diário Oficial [da] República Federativa do Brasil*, Brasília, DF, 12 set. 1990).

a aplicação do CDC aos contratos de planos de saúde administrados por entidades de autogestão. Tal entendimento confirma que uma entidade de autogestão constitui um tipo de operadora de plano de saúde que se caracteriza pela ausência de finalidade lucrativa e pelo vínculo associativista,[21] não tendo seus produtos voltados a todo e qualquer beneficiário (consumidor) no mercado de saúde.

4 A regulação no Brasil e o papel da Agência Nacional de Saúde Suplementar (ANS)

O modelo de gestão pública baseado nas agências reguladoras se insere no campo da intervenção do Estado Brasileiro onde, abstendo-se de qualquer participação como agente econômico, ele passa a desempenhar, de forma indireta, imperativo papel na condução, fiscalização e estímulo da atividade empresarial dos particulares. Ou seja, uma atuação estatal que se volta para dois aspectos: a redução da intervenção direta do Estado na seara econômica e o incremento de suas competências regulatórias com o fito de garantir as finalidades e princípios eleitos na CRFB, dentre os quais aqueles atinentes à ordem econômica.[22]

Daí que, no âmbito da intervenção indireta, o Estado deve exercer regulação administrativa sobre atividades econômicas desenvolvidas no âmbito privado, editando regras para determinados setores, fiscalizando e reprimindo os agentes econômicos envolvidos. Em suma, atuando como disciplinado no art. 174, da CRFB, que o reconhece como "agente normativo e regulador da atividade econômica", e, por conta disso, exige-lhe o cumprimento das "funções de 'fiscalização', incentivo e planejamento, sendo determinante para o setor público e indicativo para o setor privado".

---

[21] BRASIL. Agência Nacional de Saúde Suplementar. *Resolução Normativa - RN nº 137*, de 14 de novembro de 2006, que dispõe sobre as entidades de autogestão no âmbito do sistema de saúde suplementar. Disponível em: http://www.ans.gov.br/component/legislacao/?view=legislacao&task=TextoLei&format=raw&id=MTExNw==. Acesso em: 30 out. 2019.

[22] Art. 170, CRFB: "A ordem econômica, fundada na valorização do trabalho humano e na livre iniciativa, tem por fim assegurar a todos existência digna, conforme os ditames da justiça social, observados os seguintes princípios: I – soberania nacional; II - propriedade privada; III - função social da propriedade; IV - livre concorrência; V - defesa do consumidor; VI - defesa do meio ambiente, inclusive mediante tratamento diferenciado conforme o impacto ambiental dos produtos e serviços e de seus processos de elaboração e prestação; VII - redução das desigualdades regionais e sociais; VIII - busca do pleno emprego; IX - tratamento favorecido para as empresas de pequeno porte constituídas sob as leis brasileiras e que tenham sua sede e administração no País".

E como instrumentos aptos a viabilizar a intervenção indireta do Estado na economia, foram, então, criadas as agências reguladoras, um tipo particular de entidades que possuem competências associadas a uma elevada especialização técnica a fim de intervir em determinado setor da economia.[23]

Para Leila Cuéllar, os objetivos das agências reguladoras, no que concerne às atividades econômicas em sentido estrito,[24] são os de regular, normatizar, controlar e fiscalizar as atividades desenvolvidas por particulares com vistas ao interesse público e a defesa dos interesses dos consumidores, sem descurar da manutenção da qualidade dos serviços e produtos postos no mercado.[25] Ou seja, a intervenção estatal mediada pelas agências reguladoras visaria, assim, a maior eficiência do setor por ela regulado, acomodando os interesses dos atores econômicos envolvidos.

Para tanto, as agências reguladoras contam com os seguintes instrumentos para desempenho de seus misteres, segundo o magistério de Floriano de Azevedo Marques Neto: (i) poder normativo; (ii) poder de outorga; (iii) poder de fiscalização do setor; (iv) poder sancionatório; (v) poderes de conciliação e; (vi) poderes de recomendação.[26] Dentre estes, ganha destaque a competência atribuída às agências para edição de atos normativos como condição necessária para o fiel cumprimento de seus objetivos intrínsecos, em particular daqueles expressamente minudenciados nas leis que as criaram.

Além da atividade normativa, as atividades fiscalizatória e sancionatória das agências reguladoras se revestem de similar interesse, pois, logicamente, é possível compreender que tanto melhor será a regulação de determinado setor econômico quanto mais eficiente for a fiscalização efetivamente levada a cabo, tanto em sua vertente preventiva como repressiva.

---

[23] MARQUES NETO, Floriano de Azevedo. Agências reguladoras: instrumentos de fortalecimento do Estado. *ABAR - Associação Brasileira de Agências de Regulação*, São Paulo, jul., 2016. Disponível em: http://abar.org.br/agencias-reguladoras/. Acesso: 30 out. 2019. p. 19.

[24] Adota-se o entendimento de Eros Roberto Grau que pressupõe a atividade econômica em duas espécies: atividade econômica em sentido estrito e atividade econômica em sentido amplo. Nesta última restaria compreendida a atividade desenvolvida pelo setor privado acrescida da atividade do serviço público. GRAU, Eros Roberto. *A ordem econômica na Constituição de 1988*: interpretação e crítica. 13. ed. São Paulo: Malheiros, 2008, p. 108-109.

[25] CUÉLLAR, Leila. *As agências reguladoras e seu poder normativo*. São Paulo: Dialética, 2001. p. 79-80.

[26] MARQUES NETO, 2016, p. 25-26.

A essa necessária atuação-ingerência do ente regulador em face dos regulados, Floriano de Azevedo Marques Neto sustenta que

> o exercício da função punitiva possui grande importância. Isso não só por constituir a punição um requisito de eficácia da atividade reguladora, mas também porque é primacialmente pelo poder de sanção que o órgão regulador se afirma frente aos atores privados regulados (concessionários, permissionários, autorizatários etc.) e perante os administrados (consumidores). Sem a ameaça potencial de sanção, resta fragilizada a autoridade regulatória. Sem perceber a capacidade coercitiva do regulador, sente-se o administrado desamparado.[27]

De todo modo, a medida sancionadora aplicada pela agência reguladora busca desestimular as condutas dos entes regulados tidas, dentre outras hipóteses, como violadoras do próprio equilíbrio do mercado regulado.

No caso do setor privado da saúde, a Lei nº 9.656/98, com a redação dada pela Medida Provisória nº 2.177-44, subordina qualquer modalidade de produto, serviço e contrato de prestação de assistência médica às normas e à fiscalização de agência reguladora específica do setor, a Agência Nacional de Saúde Suplementar (ANS).[28]

No que diz respeito ao mercado de prestação de serviços de saúde, coube à Lei nº 9.961/2000 definir o marco referencial do modelo de regulação deste setor pela criação da Agência Nacional de Saúde Suplementar (ANS), que, desde então, assumiu todas as atribuições de regulação do setor de saúde suplementar, tendo por finalidade institucional "a promoção da defesa do interesse público na assistência suplementar à saúde, regulando as operadoras setoriais, inclusive quanto às suas relações com prestadores e consumidores, contribuindo para o desenvolvimento das ações de saúde no País", consoante reza o seu art. 3º.[29]

Relativamente aos objetivos da ANS, Maria de Fátima Siliansky de Andreazzi sustenta que, embora se encontrem em (re)definição

---

[27] MARQUES NETO, 2000 *apud* PALMA, Juliana Bonacorsi de. Processo regulatório sancionador e consensualidade: análise do acordo substitutivo no âmbito da Anatel. *Revista de Direito de Informática e Telecomunicações – RDIT*, Belo Horizonte, a. 5, n. 8, jan./jun. 2010. p. 9.

[28] Conforme os §§ 1º e 2º do art. 1º da Lei nº 9.656/98.

[29] BRASIL. Lei nº 9.961, de 28 de janeiro de 2000, que cria a Agência Nacional de Saúde Suplementar – ANS e dá outras providências. *Diário Oficial [da] República Federativa do Brasil*, Brasília, DF, 29 jan. 2000.

permanente, as finalidades da agência podem ser identificadas como sendo a garantia de cumprimento dos contratos, o equilíbrio econômico-financeiro, a preservação da qualidade do produto (assistência à saúde), a garantia de adequadas condições de acesso à assistência à saúde e a defesa da concorrência.[30]

A regulação da ANS visa à sustentabilidade do setor sem descurar, da mesma forma, da sustentabilidade das empresas prestadoras de serviços de assistência à saúde, por conta do que Januário Montone enfatiza ser necessária a análise das atividades normativa e fiscalizadora da ANS em dimensões distintas: a) regulação dos aspectos assistenciais; b) condições de ingresso, operação e saída do setor; c) regulação de preço; d) fiscalização e efetividade da regulação; e) comunicação e informação e; f) ressarcimento ao SUS.[31]

Percebe-se, pois, que a regulação da ANS se volta para duas grandes vertentes. De um lado, a regulação assistencial que se dirige particularmente ao objeto do contrato de planos de saúde; de outro, a regulação técnico-assistencial que leva em conta o controle, normatização e fiscalização pela ANS das demais relações envolvidas.

No que diz respeito à regulação assistencial, reprise-se, os produtos ofertados após a edição da Lei nº 9.656/1998 possuem cobertura definida no plano-referência que atende a exigências mínimas em quatro categorias de produtos ofertados: a) cobertura assistencial médico-ambulatorial; b) internação hospitalar; c) atendimento obstétrico e; d) atendimento odontológico, fixando os serviços que devem obrigatoriamente estar incluídos nessas modalidades.[32]

Dessa forma, os contratos de planos de saúde devem assegurar a cobertura mínima obrigatória, que sofre atualizações por parte da ANS a cada dois anos, no âmbito de competência que lhe foi conferido pelo §4º, do art. 10, da Lei nº 9.656/98. A cobertura assistencial obrigatória nada mais é, portanto, que a lista dos procedimentos, exames e tratamentos vigentes (= exigíveis) na data em que é formulada a solicitação de determinado procedimento pelo médico assistente, e que corresponde ao Rol de Procedimentos e Eventos em Saúde.

---

[30] ANDREAZZI, Maria de Fátima Siliansky de. Mercado de Saúde Suplementar: amplitudes e limites na arena da regulação. *In*: *Documentos técnicos de apoio ao fórum de saúde suplementar de 2003*. MONTONE, Januário; CASTRO, Antônio Joaquim Werneck de (Org.). Rio de Janeiro: Ministério da Saúde, 2004. p. 129.

[31] MONTONE, Januário. Evolução e Desafios da Regulação do Setor de Saúde Suplementar. *Série ANS*, 4. Rio de Janeiro: ANS, 2003. p. 19.

[32] *Vide* NR 19.

E é pela permanente revisão desse rol que se atualizam e se consolidam procedimentos médicos cobertos pelos planos de saúde, ou seja, são incorporadas novas tecnologias aplicadas à assistência à saúde e, pois, conforme sua complexidade impactam em maior ou menor custo a esta operação econômica.[33]

Com o fito de acompanhar a higidez econômico-financeira do mercado de saúde suplementar, a ANS atua acompanhando o desempenho técnico e financeiro dessas empresas prestadoras de serviço, em intervalos de tempo regulares, com respaldo normativo no art. 20 da Lei nº 9.656/98.[34] [35]

Com efeito, a manutenção da *boa situação* dos agentes regulados deve ser entendida como uma das metas da regulação, pois tanto a qualidade e a garantia de continuidade nos serviços prestados quanto a capacidade concorrencial das operadoras são diretamente afetadas pela sua condição econômico-financeira.[36]

A partir dessa necessidade, a ANS atua, ainda, monitorando a variação de preços dos contratos de planos de saúde, nos termos do art. 4º, XVII e XXI,[37] da Lei nº 9.656/1998.

Embora os índices percentuais de reajuste anual, como autorizados pela ANS, sejam de observância obrigatória apenas em relação a planos contratados no regime individual e familiar, a agência monitora a variação de preços praticada pelos planos coletivos e empresariais, por considerar que não existe relação de hipossuficiência entre as partes contratantes,[38] o que abre espaço para um novo patamar de lucubração, como o desenvolvido por Danilo Vieira Vilela, ao buscar demonstrar "a necessidade de se reconhecer as empresas como consumidoras nos contratos de saúde coletivos", por conta de sua vulnerabilidade fática,

---

[33] CESCHIN, Maurício. O impacto do novo rol de procedimentos. *Revista do GVsaúde da FGV-EAESP*, São Paulo, n. 11, 2011. Disponível em: http://bibliotecadigital.fgv.br/ojs/index.php/debatesgvsaude/article/viewFile/23146/21912. Acesso em: 30 out. 2019. p. 8.

[34] Art. 20. As operadoras de produtos de que tratam o inciso I e o §1º do art. 1º desta Lei são obrigadas a fornecer, periodicamente, à ANS todas as informações e estatísticas relativas as suas atividades, incluídas as de natureza cadastral, especialmente aquelas que permitam a identificação dos consumidores e de seus dependentes, incluindo seus nomes, inscrições no Cadastro de Pessoas Físicas dos titulares e Municípios onde residem, para fins do disposto no art. 32.

[35] FIGUEIREDO, 2012, p. 329.

[36] FIGUEIREDO, 2012, p. 331.

[37] XVII - autorizar reajustes e revisões das contraprestações pecuniárias dos planos privados de assistência à saúde, ouvido o Ministério da Fazenda; (...) XXI - monitorar a evolução dos preços de planos de assistência à saúde, seus prestadores de serviços, e respectivos componentes e insumos.

[38] FIGUEIREDO, 2012, p. 249.

jurídica, informacional e, muitas vezes, até mesmo econômica, o que propiciaria às fornecedoras de serviços de assistência à saúde adotar práticas abusivas, como reajustes e cancelamentos unilaterais.[39]

Estabelecidas as linhas gerais dos contratos de planos de saúde e da regulação do setor mediada pela ANS, resta identificar se há e quais são os potenciais reflexos da Declaração de Direitos de Liberdade Econômica sobre os contratos realizados por empresas de autogestão.

5 Crítica à atuação da ANS em relação às entidades de autogestão e os potenciais impactos da superveniência da Lei nº 13.874/2019 no segmento

Desde logo merece destaque o fato de que a Lei nº 9.656/1998 não identifica ou conceitua o que sejam as empresas prestadoras de assistência à saúde, dentre elas as chamadas empresas de autogestão, mas inclui, na abrangência de sua aplicação, por força do §2º, de seu art. 1º, "as entidades ou empresas que mantêm sistemas de assistência à saúde, pela modalidade de autogestão [...]".

No que se refere às empresas prestadoras de assistência à saúde, a Resolução de Diretoria Colegiada – RDC nº 39, de 27 de outubro de 2000, define a operação econômica de planos privados de saúde como sendo as atividades de administração, comercialização ou disponibilização dos planos classificando as empresas como: (a) administradora de planos; (b) cooperativa médica; (c) cooperativa odontológica; (d) autogestão; (e) medicina de grupo; (f) odontologia de grupo; e (g) filantropia,[40] e dispõe acerca da modalidade de autogestão nos seguintes termos:

> as entidades de autogestão que operam serviços de assistência à saúde ou empresas que, por intermédio de seu departamento de recursos humanos ou órgão assemelhado, responsabilizam-se pelo Plano Privado de Assistência à Saúde destinado, exclusivamente, a oferecer cobertura aos empregados ativos, aposentados, pensionistas ou ex-empregados, bem como a seus respectivos grupos familiares definidos, limitado ao

[39] VILELA, Danilo Vieira. A empresa como consumidora no contrato de saúde coletivo. *Revista de Direito Empresarial – RDEmp*, Belo Horizonte, ano 13, n.1, p.161-175, jan./abr. 2016.

[40] BRASIL, Agência Nacional de Saúde Suplementar. *Resolução de Diretoria Colegiada – RDC nº 39*, de 27 de outubro de 2000, que dispõe sobre a definição, a segmentação e a classificação das Operadoras de Planos de Assistência à Saúde. Disponível em: http://www.ans.gov.br/component/legislacao/?view=legislacao&task=TextoLei&format=raw&id=Mzgw. Acesso em: 30 out. 2019.

> terceiro grau de parentesco consangüíneo ou afim, de uma ou mais empresas, ou ainda a participantes e dependentes de associações de pessoas físicas ou jurídicas, fundações, sindicatos, entidades de classes profissionais ou assemelhados.[41]

Percebe-se, pois, que no âmbito *original* de autogestão estariam englobadas basicamente duas categorias. De um lado, aquelas empresas que mantêm um plano de saúde voltado para o atendimento de um universo de indivíduos que se vinculam a ela (empresa) por uma relação de trabalho e, portanto, o objetivo lucrativo de interesse da empresa é distinto da prestação de serviços de saúde – que nada mais é que um benefício colocado à disposição de seus trabalhadores. De outro lado se encontram as diversas entidades cujos associados apresentam algum tipo de vínculo, mas se associam sem objetivo de auferir lucro, nos termos do art. 53 do CC. Também, no último caso, não há a celebração de um contrato de prestação de serviços de saúde entre a associação e um beneficiário, pois, de partida, há a necessidade de o indivíduo ser um associado, por meio de vínculo jurídico geral.

Com a atual definição de autogestão, encontrada na RN nº 137/2006, alterada pelas RN nº 148/2007, RN nº 272/2011 e RN nº 335/2014, define-se como operadora de planos privados de assistência à saúde na modalidade de autogestão a:

> 1 - Pessoa jurídica de direito privado que, por intermédio de seu departamento de recursos humanos ou órgão assemelhado, opera plano privado de assistência à saúde exclusivamente aos seguintes beneficiários: a) sócios da pessoa jurídica; b) administradores e ex-administradores da entidade de autogestão; c) empregados e ex-empregados da entidade de autogestão; d) aposentados que tenham sido vinculados anteriormente à entidade de autogestão; e) pensionistas dos beneficiários descritos nas alíneas anteriores; e f) grupo familiar dos beneficiários descritos nas alíneas anteriores, limitado ao terceiro grau de parentesco, consanguíneo ou afim;
> 2 - Pessoa jurídica de direito privado de fins não econômicos que, vinculada à entidade pública ou privada patrocinadora, instituidora ou mantenedora, opera plano privado de assistência à saúde

[41] BRASIL. Agência Nacional de Saúde Suplementar. *Resolução de Diretoria Colegiada – RDC nº 39*, de 27 de outubro de 2000, que dispõe sobre a definição, a segmentação e a classificação das Operadoras de Planos de Assistência à Saúde. Disponível em: http://www.ans.gov.br/component/legislacao/?view=legislacao&task=TextoLei&format=raw&id=Mzgw. Acesso em: 30 out. 2019.

> exclusivamente aos seguintes beneficiários: a) empregados e servidores públicos ativos da entidade pública patrocinadora; b) empregados e servidores públicos aposentados da entidade pública patrocinadora; c) ex-empregados e ex-servidores públicos da entidade pública patrocinadora; d) pensionistas dos beneficiários descritos nas alíneas anteriores; e) sócios da entidade privada patrocinadora, instituidora ou mantenedora da entidade de autogestão; f) empregados e ex-empregados, administradores e ex-administradores da entidade privada patrocinadora, instituidora ou mantenedora da entidade de autogestão; g) empregados, ex-empregados, administradores e ex-administradores da própria entidade de autogestão; h) aposentados que tenham sido vinculados anteriormente à própria entidade de autogestão ou à sua entidade patrocinadora, instituidora ou mantenedora; i) pensionistas dos beneficiários descritos nas alíneas anteriores; e j) grupo familiar dos beneficiários descritos nas alíneas anteriores, limitado ao terceiro grau de parentesco, consangüíneo ou afim; ou
>
> 3 - Pessoa jurídica de direito privado de fins não econômicos, constituída sob a forma de associação, que opera plano privado de assistência à saúde exclusivamente aos associados integrantes de determinada categoria profissional e aos seguintes beneficiários: a) empregados, ex-empregados, administradores e ex-administradores da própria entidade de autogestão; b) aposentados que tenham sido vinculados anteriormente à própria entidade de autogestão; c) pensionistas dos beneficiários descritos nas alíneas anteriores; e d) grupo familiar dos beneficiários descritos nas alíneas anteriores, limitado ao terceiro grau de parentesco, consanguíneo ou afim.[42]

A RN nº 137/2006 amplia a definição do modelo de autogestão admitindo um grupo de beneficiários definido por sua relação, atual ou anterior, com outra pessoa jurídica, uma entidade pública ou privada, mas cuja relação deve estar enquadrada em uma das categorias assim estipuladas:

> Art. 12 Para efeito desta resolução, considera-se: I – instituidor: a pessoa jurídica de direito privado, com ou sem fins econômicos, que cria a entidade de autogestão; II – mantenedor: a pessoa jurídica de direito privado que garante os riscos referidos no *caput* do art. 5º mediante a celebração de termo de garantia com a entidade de autogestão; e

[42] BRASIL. Agência Nacional de Saúde Suplementar. *Resolução Normativa – RN nº 137*, de 14 de novembro de 2006, que dispõe sobre as entidades de autogestão no âmbito do sistema de saúde suplementar. Disponível em: http://www.ans.gov.br/component/legislacao/?view=legislacao&task=TextoLei&format=raw&id=MTExNw==. Acesso em: 30 out. 2019.

III – patrocinador: a instituição pública ou privada que participa, total ou parcialmente, do custeio do plano privado de assistência à saúde e de outras despesas relativas à sua execução e administração.[43]

A mesma resolução admite ainda o modelo de autogestão em que os beneficiários pertençam a uma mesma categoria profissional (como a de inscritos na OAB) e não somente ao fato de se encontrarem ligados a determinada empresa.

Em relação à forma de operação, o art. 21, da RDC nº 137/2006 determina que as entidades de autogestão devem "operar por meio de rede própria, credenciada, contratada ou referenciada, cuja administração será realizada de forma direta", mas lhes é "facultada a contratação ou celebração de convênio quanto à rede de prestação de serviços de entidade congênere ou de outra operadora de modalidade diversa, fora do município sede da operadora". Dessa forma, é admitido que as entidades de autogestão celebrem contrato de prestação de serviços de assistência à saúde com outra operadora, ainda que não seja de autogestão, para o atendimento de seus beneficiários em localidade diversa da sua sede.

Embora a ANS, pela seção V da RDC nº 137/2006, imponha às entidades de autogestão o necessário acompanhamento de sua situação econômico-financeira, o art. 8º, da Lei nº 9.656/98, ao tratar dos requisitos para obtenção da autorização de funcionamento, isenta as autogestões da "demonstração da viabilidade econômico-financeira dos planos privados de assistência à saúde oferecidos", bem como da "especificação da área geográfica coberta pelo plano privado de assistência à saúde".

Parece, portanto, que o entendimento do legislador de outrora já fora no sentido de que, para as empresas de autogestão, a viabilidade econômico-financeira da empresa resulta do caráter de mutualismo da operação econômica. Vale dizer, é resultado da somatória de aportes pecuniários individuais para eventual assistência à saúde de parte da totalidade dos beneficiários, e que se pretende positivo em relação ao resultado da operação, mas que não se pode confundir com lucro, pura e simplesmente.

Como adrede referido, o plano-referência abrange o atendimento em consultórios e internamentos, a UTI, com ou sem direito ao

---

[43] BRASIL. Agência Nacional de Saúde Suplementar. *Resolução Normativa – RN nº 137*, de 14 de novembro de 2006, que dispõe sobre as entidades de autogestão no âmbito do sistema de saúde suplementar. Disponível em: http://www.ans.gov.br/component/legislacao/?view=legislacao&task=TextoLei&format=raw&id=MTExNw==. Acesso em: 30 out. 2019.

atendimento de obstetrícia e a todos os exames e tratamentos necessários para diagnosticar e tratar um evento de saúde, previstos no Rol de Procedimentos instituídos pela ANS como sendo de cobertura obrigatória. Todavia, o §3° do art. 10 da Lei nº 9.656/98 exclui dessa obrigação todas as pessoas jurídicas que mantêm sistemas de assistência à saúde pela modalidade de autogestão.

Tal exclusão justifica-se pela evidente intenção legislativa de padronizar os produtos e serviços privados de prestação de assistência à saúde colocados à disposição, no mercado, a quaisquer interessados, para permitir proteção dos consumidores em relação a práticas abusivas e controle, até mesmo, da concorrência setorial. Por outro lado, como no caso das autogestões o público-alvo é limitado e determinado, constituindo-se, de partida, nos empregados ou associados, não há que se cogitar de similar proteção, ainda mais quando ausente a finalidade lucrativa da operação, o que redundou, e com acerto, na não imposição de obrigações de cobertura mínima e aplicação do CDC, aliás, como pacificado na Súmula 608 do STJ já comentada.[44]

Sintetizando, ao voltar-se para um público-alvo específico – empregados, associados ou pertencentes a uma mesma categoria profissional, dada a inexistência de finalidade lucrativa da operação e considerando a própria inaplicabilidade do CDC, eventual intromissão regulatória da ANS sobre os contratos celebrados com operadoras de planos de saúde na modalidade autogestão apresenta-se, em tese e em geral, desautorizada, e, neste diapasão, a Lei nº 13.874/19 surge como instrumento normativo novidadeiro apto, ainda que num primeiro súbito, a desestimular a regulação setorial, ou, pelo menos, a coibir eventuais exageros de regulação.

Como assentado no *caput* de seu art. 1º, a Lei nº 13.874/2019 visa à proteção da livre iniciativa e o livre exercício da atividade econômica e assume, como princípios norteadores e delimitadores da intervenção estatal, a liberdade como garantia no exercício das

---

[44] No Recurso Especial nº 1.285.483, o Ministro Luís Felipe Salomão assentou que a exclusão da obrigatoriedade do plano-referência, criado pela Lei nº 9.656/1998, em relação às empresas de autogestão se justifica pelo próprio modelo empresarial adotado. O plano-referência é a garantia mínima assistencial colocada como patamar de competição entre operadoras de planos de saúde que se diferenciam apenas pelo preço quando da escolha pelo consumidor. E, como as empresas de autogestão não podem ofertar livremente seus serviços no mercado de consumo, não se pode exigir esse mínimo estabelecido pelo plano-referência [(BRASIL. Superior Tribunal de Justiça. Recurso Especial nº 1.285.483 – PB 2011/0239595-2), da Segunda Sessão, Brasília, DF, 22 de junho de 2016. *Diário de Justiça eletrônico*, ago. 2016.]

atividades econômicas e a intervenção subsidiária e excepcional do Estado, consoante os incs. I e III do seu art. 2º.[45]

Demais disso, a livre iniciativa não é apenas um princípio constitucional da ordem econômica (art. 170, inc. IV), mas também um direito individual (art. 5º, inc. XIII) e, destacadamente, um fundamento da República (art. 1º, IV).

O art. 174 da CRFB prevê um planejamento meramente indicativo para a iniciativa privada e, portanto, o Estado pode-deve regular, mas sem que esta regulação soçobre em um processo de planificação, de direção estatal sobre a atividade dos particulares.[46] Neste sentido, uma entidade que viabiliza a prestação de serviços na modalidade de autogestão se diferencia de quaisquer outras, pois ainda que a operação econômica envolvida seja assemelhada, a manutenção, administração e execução de planos solidários de assistência à saúde não ostenta finalidade lucrativa e são os próprios representantes de dirigentes e beneficiários que definem as políticas de administração da empresa, os limites assistenciais e os custos-preços da própria operação econômica.

Portanto, parece razoável admitir que, em se tratando de empresa de autogestão, eventuais limites à assistência à saúde podem e devem ser contratualmente definidos, tanto quanto o próprio reajuste do preço com vistas ao equilíbrio econômico-financeiro da operação visando à manutenção da prestação de assistência à saúde adequada à totalidade dos beneficiários.

Outra questão de grande importância para as empresas de autogestão diz respeito à novel exigência legislativa de análise e consideração do impacto regulatório (consoante art. 5º da Lei nº 13.874/2019), que determina que as propostas de edição e de alterações de atos normativos de interesse dos atores econômicos devem ser precedidas de análise prévia dos possíveis efeitos, inclusive de impactos econômicos. Ou seja, a atuação das agências reguladoras, dentre as quais a da própria ANS, passa a ser de natureza consequencialista ao demandar uma análise dos resultados advindos da regulação, do impacto por ela gerado sobre os atores envolvidos e, em síntese, sobre a economia do

---

[45] BRASIL. Lei nº 13.874, de 20 de setembro de 2019, que Institui a Declaração de Direitos de Liberdade Econômica [...]. *Diário Oficial [da] República Federativa do Brasil*, Brasília, DF, 20 set. 2019.

[46] ARAGÃO, Alexandre Santos de. Atividades Privadas Regulamentadas: Autorização Administrativa, Poder de Polícia e Regulação. *Revista de Direito Público da Economia – RDPE*, Belo Horizonte, ano 3, n. 10, abr. / jun. 2005. Disponível em: https://www.bidforum.com.br/bidBiblioteca_periodico_pdf.aspx?i=30039&p=8. Acesso em: 30 out. 2019. p. 11.

setor, assim reforçando as próprias disposições da Lei de Introdução às Normas do Direito Brasileiro – LINDB, em sua redação atual que exige a consideração das consequências práticas de decisões das esferas administrativas, aí incluídas as de regulação, por evidente.[47] [48]

6 Considerações finais

Ao que tudo indica, a ANS enfrentará barreiras, quase instransponíveis, para tentar regular (ou continuar regulando), de forma válida, o setor em relação às entidades de autogestão, mormente quando a operação por elas levada a cabo considera, quase que em caráter personalíssimo, cada um de seus beneficiários, de modo a permitir a construção de uma operação econômico-financeira sustentável, ainda que ausente a finalidade lucrativa, porém a partir de direitos e obrigações das partes entabulados, em tese, sob medida para cada caso.

Nesse sentido, quaisquer intervenções regulatórias de índole geral e abstrata, como as de natureza estritamente normativa, oriundas da ANS e dirigidas às entidades de autogestão em pé de igualdade (*sic*) com empresas ligadas à prestação privada de serviços de assistência à saúde (com viés lucrativo), mormente se relativas ao conteúdo (mínimo) dos serviços contratados, aos preços praticados ou aos critérios e mecanismos de reajuste ou revisão de preços se mostrará inconstitucional e/ou ilegal. Afinal, em tais casos, deve prevalecer o *pacta sunt servanda*, o que não inibe eventual e episódico controle judicial.

Nada obstante, isso não significa dizer que a ANS não possa ou não deva monitorar as entidades de autogestão, inclusive em relação à autorização prévia para funcionamento, mas que referida fiscalização somente pode ocorrer nos termos e condições da(s) lei(s) comentadas, e com atenção para a Súmula nº 608, do STJ, que afasta a aplicação do

---

[47] Art. 20. Nas esferas administrativa, controladora e judicial não se decidirá com base em valores jurídicos abstratos sem que sejam consideradas as consequências práticas da decisão. BRASIL. Decreto-Lei nº 4.657, de 4 de setembro de 1942, Lei de Introdução às Normas do Direito Brasileiro. *Diário Oficial [da] República Federativa do Brasil*, Brasília, DF, 9 set. 1942.

[48] Por derradeiro, anote-se que "a análise do impacto regulatório na saúde suplementar" serviu de título a artigo, publicado em 2018, por Rafael Soares de Cerqueira e Henrique Ribeiro Cardoso, no qual se esmiúça referido instrumento e se destaca sua importância, porém sem qualquer particular menção às entidades de autogestão ou as contratos por meio delas entabulados. Ou seja, a abordagem de outrora se revelou aparentemente preocupada, apenas, com os contratos regidos pelo CDC, ficando à margem de tal exame o particular objeto deste artigo. Nada obstante isso, o texto se presta a explicar e justificar dita inovação legislativa. (CERQUEIRA, Rafael Soares de; CARDOSO, Henrique Ribeiro. A análise do impacto regulatório na saúde suplementar. *Revista de Direito, Economia e Desenvolvimento Sustentável*. Salvador, v.4, n.1, p. 135-152, jan./jun. 2018.)

CDC em relação a elas, não havendo espaço *ordinário* para intervenção regulatória, como, aliás, forte e legitimamente reforçado na recente Lei de Liberdade Econômica.

Informação bibliográfica deste texto, conforme a NBR 6023:2018 da Associação Brasileira de Normas Técnicas (ABNT):

FERREIRA, Daniel; FERREIRA FILHO, Miguel. A Lei nº 13.874/2019 – Lei de liberdade econômica – como instrumento normativo capaz de coibir eventuais exageros de regulação no âmbito da Agência Nacional de Saúde Suplementar – ANS, em particular nos casos envolvendo entidades de autogestão. *In*: HUMBERT, Georges Louis Hage (Coord.). *Lei de liberdade econômica e os seus impactos no Direito Administrativo*. Belo Horizonte: Fórum, 2020. p. 41-61. ISBN 978-85-450-0756-2.

LEI DA LIBERDADE ECONÔMICA, NORMAS GERAIS E PRINCÍPIOS: IMPACTOS NA APLICAÇÃO E INTERPRETAÇÃO NO DIREITO ADMINISTRATIVO, URBANÍSTICO E AMBIENTAL

GEORGES LOUIS HAGE HUMBERT

1 Introdução

Em 20 de setembro de 2019 foi promulgada a Lei nº 13.874, denominada Lei de Liberdade Econômica, e com ela foi instituída a Declaração de Direitos de Liberdade Econômica. O novo marco regulatório do direito econômico brasileiro, fundamentado nos arts. 170, 174 e no art. 5º da Constituição, notadamente quanto ao direito individual fundamental da liberdade, estabelece normas de proteção à livre iniciativa e ao livre exercício de atividade econômica e disposições sobre a atuação do Estado como agente normativo e regulador.

A lei incide sobre as mais diversas relações jurídicas, de direito público e privado. Em geral, o disposto nesta nova lei será observado na aplicação e na interpretação do direito civil, empresarial, econômico, urbanístico e do trabalho nas relações jurídicas que se encontrem no seu âmbito de aplicação e na ordenação pública, inclusive sobre exercício das profissões, comércio, juntas comerciais, registros públicos, trânsito, transporte e proteção ao meio ambiente.

O objetivo deste artigo é analisar os impactos dessa norma no que se refere ao direito público, especificamente no que tange ao direito administrativo em conexão com o direito ambiental e o urbanístico.

2 Normas gerais de incidência comuns ao direito administrativo, urbanístico e ambiental

Inicialmente, cumpre verificar que a normas da nova lei que são valores abstratos, de alto grau de generalidade e abstração e que, em rigor, incidem sobre toda a ordem jurídica em uma análise sistemática do direito brasileiro, a partir da Constituição, das leis, decretos, demais regulamentos e normas individuais, como contratos, sentenças e atos administrativos diversos.

Neste sentido, essas são as normas comumente designadas de princípios jurídicos. Conforme já anotamos alhures, princípio jurídico é norma jurídica e, enquanto ato de ordenação da conduta humana, devidamente produzido na forma prevista pela norma base, isto é, pela autoridade competente, caracterizada, em sua essência, pela imperatividade ou prescritibilidade, portanto, coativa e sancionadora, notas essas distintivas do substrato das demais normas de conduta social.

Assim sendo, princípios jurídicos são normas jurídicas estruturadas em relações conjugadas, cuja existência e operação pressupõem inequívoca concatenação com regras objetivas a serem aplicadas ao caso concreto ou, na ausência destas, como um vetor de colmatação de lacunas, jamais como forma de inovação da ordem jurídica, pela via interpretativa criacionista do judiciário ou outro poder.[1]

Por essa razão, deve ser concebida a partir da noção de sistema. Daí porque relevante a concepção de ordenamento jurídico, a partir da exata compreensão do direito como um sistema de normas, com repercussão para o conhecimento e a operação dos elementos que compõem esta estrutura.

O tema dos princípios jurídicos, notadamente sobre a ótica dos denominados *neoconstitucionalismo* e *pós-positivismo*, marcos teóricos e filosóficos que, por carência de base metodológica, ontológica e epistemológica, sequer se sustentam enquanto teorias[2], mas dominam a

---

[1] HUMBERT. Georges Louis Hage. *Conceito de direito, de norma jurídica e de princípio jurídico.* Salvador: Dois de Julho, 2015.

[2] Confira-se, por todos: DIMOULIS, Dimitri. Neoconstitucionalismo e moralismo jurídico. *In*: SARMENTO, Daniel. (Org.). *Filosofia e Teoria Constitucional.Contemporânea.* 1. ed. Rio de Janeiro: Lumen Juris, 2009, v. 1, p. 213-226; STRECK, Lênio Luiz. Contra o

cena – e moda – jurídica brasileira há décadas, causa grande prejuízo ao desenvolvimento econômico, social e a sustentabilidade do país, os quais são fundamentos da República Federativa do Brasil, enquanto Estado democrático de direito, a teor dos artigos 1º a 4º da Constituição de 1988.

Esse problema se agrava em matéria ambiental, onde vigora o maior inimigo do direito individual fundamental e humano basilar da segurança jurídica: a principiologização do direito[2]. Com efeito, esta é grave risco para o Estado democrático de direito. Desse modo, tal qual Streck, "afastei-me do neoconstitucionalismo porque ele aposta em elementos não democráticos, como a ponderação e a discricionariedade judicial."[3]

É nesse contexto, de ausência de razão e racionabilidade teórica, e mesmo de ofensa ao Estado democrático de direito, notadamente ao direito individual fundamental à liberdade e à segurança jurídica e aos deveres fundamentais de desenvolvimento nacional econômico, social e de sustentabilidade, que não se pode supervalorizar e dimensionar os princípios jurídicos, conferindo-se, destarte, maior densidade e força normativa às regras, pois claras, objetivas, impessoais e exteriorizadoras de comandos seguros e estáveis.

Assim é que, com essas premissas, em matéria de direito administrativo, ambiental e urbanístico, interpretam-se em favor da liberdade econômica, da boa-fé e do respeito aos contratos, aos investimentos e à propriedade todas as normas de ordenação pública sobre atividades econômicas privadas.

Posto isso, pelo art. 2º da Lei, são princípios que norteiam a declaração de liberdade econômica: I - a liberdade como uma garantia no exercício de atividades econômicas; II - a boa-fé do particular perante o poder público; III - a intervenção subsidiária e excepcional do Estado sobre o exercício de atividades econômicas; e IV - o reconhecimento da vulnerabilidade do particular perante o Estado.

Disso infere-se uma primeira consequência importante: os atos do administrado, do cidadão sobreleva-se ao mesmo nível de presunção

---

Neoconstitucionalismo. Constituição, Economia e Desenvolvimento: *Revista da Academia Brasileira de Direito Constitucional*. Curitiba, 2011, n. 4, jan./jun. p. 9-27. E o nosso HUMBERT, Georges Louis Hage. *Conceito de Direito, de Norma Jurídica e de Princípios Jurídicos*. Salvador: Dois de Julho, 2015.

[3] A principiologização jurídica é risco para o Estado democrático de direito. Desse modo, tal qual Streck, "afastei-me do neoconstitucionalismo porque ele aposta em elementos não democráticos, como a ponderação e a discricionariedade judicial." STRECK, Lênio Luiz. Contra o Neoconstitucionalismo. Constituição, Economia e Desenvolvimento: *Revista da Academia Brasileira de Direito Constitucional*. Curitiba, 2011, n. 4, jan./jun. p. 25.

dos da administração pública e servidores, ante a sua presunção de boa-fé, da potencialização dos contratos e da propriedade. Equipara-se, dessa forma, os atos jurídicos individuais na ordem econômica aos atributos de presunção de legalidade, veracidade e legitimidade dos atos administrativos, criando-se uma relação nova e paritária entre cidadão e Estado. Na prática, o ônus da prova passa a ser daquele que alega vício no ato de outrem, seja este um ato do Estado ou o particular. E, na dúvida e diante da hipossuficiência do particular, deve se prevalecer a aplicação da regra e a interpretação mais favorável ao cidadão, menos restritiva ao seu direito, mais céleres e menos onerosa.

Ponto relevante, em matéria e processos de natureza jurídico-ambiental é que a nova Lei dos Direitos de Liberdade Econômica inverte uma lógica até então dominante, da interpretação e aplicação da norma e das restrições em favor da administração pública. Isso porque, a partir de agora, passa a vigorar a presunção de boa-fé em favor do empreendedor, cujos atos, agora, tal qual ao do próprio Poder Público, gozarão de presunção de legitimidade e de veracidade, cabendo ao servidor público que duvidar de sua higidez e validade provar o que alega. Some-se a isso o fato de que o particular passa a ser considerado a parte vulnerável da relação, o que implica que as questões complexas, onerosas e os embaraços criados pela própria fiscalização ambiental precisam ser relativizados, arcados e corrigidos pela própria administração, salvo prova de que o empreendedor não é hipossuficiente no caso concreto, tudo nos termos do art. 2º da Lei nº 13.874/2019.

Trata-se de um giro de segurança e potencialização dos atos de empreendedorismo no âmbito dos processos públicos de liberação a licença, a autorização, a concessão, a inscrição, a permissão, o alvará, o cadastro, o credenciamento, o estudo, o plano, o registro e os demais atos exigidos, sob qualquer denominação, por órgão ou entidade da administração pública na aplicação de legislação, como condição para o exercício de atividade econômica, inclusive o início, a continuação e o fim para a instalação, a construção, a operação, a produção, o funcionamento, o uso, o exercício ou a realização, no âmbito público ou privado, de atividade, serviço, estabelecimento, profissão, instalação, operação, produto, equipamento, veículo, edificação e outros, consoante inclusive expressa determinação do §6º do art. 1º.

Outros dois pontos de fundamental importância, tanto no processo administrativo sancionador, quanto no licenciador e no autorizativo é a definição expressa da isonomia de tratamento, assim como da impossibilidade de criação de condicionantes impertinentes ou sem fundamento e motivação técnica, bem como apontamento da viabilidade prática, as peculiaridades do caso concreto, a necessidade e adequação socioeconômica e respectivos impactos de seus custos, na mesma linha do que já havia delimitado a última reforma à Lei de Introdução ao Direito Brasileiro, Decreto-Lei nº 4.657/1942, em seus arts. 22 e 23. Ora, a teor do art. 3°, IV e XI, da Lei nº 13.874/2019, há o direito do empreendedor de "receber tratamento isonômico de órgãos e de entidades da administração pública quanto ao exercício de atos de liberação da atividade econômica, hipótese em que o ato de liberação estará vinculado aos mesmos critérios de interpretação adotados em decisões administrativas análogas anteriores, observado o disposto em regulamento", além de "não ser exigida medida ou prestação compensatória ou mitigatória abusiva, em sede de estudos de impacto ou outras liberações de atividade econômica no direito urbanístico".

Ademais, o disposto nos arts. 1º, 2º, 3º e 4º desta lei constitui norma geral de direito econômico, sendo certo, portanto, que no que for específico, em matéria administrativa, urbanística e ambiental, remanesce a competência concorrente e determinadas matérias que são privativas de Estados, Municípios e do Distrito Federal conforme o disposto no inciso I do *caput* e nos §§ 1º, 2º, 3º e 4º do art. 24, 30 e 182 da Constituição Federal.

Contudo, o disposto no inciso IX do *caput* do art. 3º desta Lei não se aplica aos Estados, ao Distrito Federal e aos Municípios, exceto se o ato público de liberação da atividade econômica for derivado ou delegado por legislação ordinária federal ou se o ente federativo ou o órgão responsável pelo ato decidir vincular-se ao disposto no inciso IX do *caput* do art. 3º desta Lei por meio de instrumento válido e próprio. Aqui, resta saber que ato seria esse. Numa primeira análise, tratando-se de inovação à ordem jurídica, apenas uma lei, aprovada na Câmara de Vereadores ou nas Assembleias, e que poderia autorizar a incidência desse dispositivo nos atos administrativos, de regulação ambiental e urbanística, nos Estados e Municípios.

3 Normas específicas de incidência no direito administrativo, urbanístico e ambiental

Além das normas gerais analisadas supra, há também algumas determinações que incidem em caráter mais específico e concreto. Uma delas é que as propostas de edição e de alteração de atos normativos de interesse geral de agentes econômicos ou de usuários dos serviços prestados, editadas por órgão ou entidade da administração pública federal, incluídas as autarquias e as fundações públicas, serão precedidas da realização de análise de impacto regulatório, que conterá informações e dados sobre os possíveis efeitos do ato normativo para verificar a razoabilidade do seu impacto econômico.

Verifica-se, assim, a potencialização dos princípios da eficiência e do planejamento em matéria de intervenção e ordenação do Estado nas atividades econômicas, além do devido processo legal, no seu aspecto substantivo da razoabilidade e proporcionalidade das medidas estatais. Assim sendo, tudo deve ser precificado, quantificado e justificado para ser exigido. Não mais se admite requisitos e pleitos do estado ante o administrador tirado de achismos, senso comum ou desmedidos. Os mesmos devem ser necessários, adequados e na medida exata do que se pretende mensurar e tutelar a partir da sua apresentação.

De outro lado, muito se tem discutido sobre a incidência da nova Lei de Liberdade Econômica no Direito Ambiental, sob a ótica da suposta criação da licença ambiental tácita, na hipótese de silêncio da administração. Perda de tempo, pois isso não irá ocorrer, e porque deixa de lado outras grandes e importantes novidades do novo regime jurídico que se instaura no país, em matéria de sustentabilidade, a partir do direito individual à liberdade, art. 5º da Constituição, e do princípio da livre iniciativa da ordem econômica, art. 170 da Constituição, ora concretizados, em maior potência, pela Lei nº 13.874/2019, que instituiu a Declaração dos Direitos de Liberdade Econômica.

Dizer que houve a aprovação da licença ambiental tácita é uma teratologia. Primeiro porque a própria lei, em seu art. 3º, IX, deixa claro que "o silêncio da autoridade competente importará aprovação tácita para todos os efeitos, ressalvadas as hipóteses expressamente vedadas em lei", sendo que a Lei Complementar nº 140/2011, em seu art. 14, §3°, determina que "O decurso dos prazos de licenciamento, sem a emissão da licença ambiental, não implica emissão tácita nem autoriza a prática de ato que dela dependa ou decorra, mas instaura a competência supletiva".

Ademais, a Constituição impõe, no art. 225, §1°, o dever ativo de controle e monitoramento. Dessa forma, seja porque há vedação expressa à licença ambiental tácita, seja porque lei ordinária, como a da Liberdade Econômica, não pode revogar Lei Complementar e nem mesmo Norma Especial, como a LC nº 140/2011, seja também porque a Constituição e a própria Lei da Liberdade Econômica, esta no seu art. 3º, I, impedem que as atividades de baixo risco sejam exercidas sem controle e monitoramento via licenças, não há que se falar em licenças ambientais concedidas pela demora e silêncio do poder público.

4 Considerações finais

Pelo exposto e de uma detida análise da nova lei, verifica-se, destas e outras regulamentações, que se trata de norma que em nenhuma medida reduz a proteção ao interesse público, urbanístico e ambiental, mas vai ao encontro dos direitos fundamentais de liberdade, segurança e aos princípios da ordem econômica, da administração pública, notadamente o da eficiência, como também aos da tutela dos princípios da administração pública, do direito ao meio ambiente ecologicamente equilibrado, e das funções sociais da cidade[4] e da propriedade urbana,[5] especialmente no que tange a promoção da sustentabilidade, valor jurídico que somente alcança a sua máxima potência quando o desenvolvimento econômico, o progresso social e a preservação dos ecossistemas caminham de mãos dadas, como é o que se pretende com a Declaração de Direitos da Liberdade Econômica, que veio tarde, mas em boa hora.

Referências

AMARAL, Antônio Carlos Cintra do. *Teoria do ato administrativo*. Belo Horizonte: Fórum, 2008.

BASTOS, Celso Ribeiro. *Direito Constitucional Econômico*. São Paulo: Celso Bastos Editor, 2000.

CAMMAROSANO, Márcio; HUMBERT, Georges Louis Hage. *Direito Público* – Estudos e Pareceres. Belo Horizonte: Fórum, 2011.

DI PIETRO, Maria Sylvia Zanella. *Direito Administrativo*. 30 ed. Rio de Janeiro: Forense, 2017.

HUMBERT, Georges Louis Hage. *Curso de Direito Urbanístico e das Cidades*. Rio de Janeiro: GZ, 2017.

HUMBERT, Georges Louis Hage. *Funções sociais das cidades*: conteúdo jurídico. Salvador: Dois de Julho, 2015.

HUMBERT, Georges Louis Hage. *Função socioambiental da propriedade imóvel urbana*. Belo Horizonte: Fórum, 2009.

MEIRELLES, Hely Lopes. *Direito Administrativo brasileiro*. 20. ed. Atualização de Eurico de Andrade Azevedo, Délcio Balestero Aleixo e José Emmanuel Burle Filho. São Paulo, Malheiros, 1995.

---

[4] Sobre o tema, o nosso Conteúdo jurídico das funções sociais da cidade. Salvador: Dois de Julho, 2015, e o nosso Curso de Direito Urbanístico e das Cidades. Rio de Janeiro: GZ, 2017.

[5] Consulte-se o nosso Direito Urbanístico e função socioambiental da propriedade imóvel urbana. Belo Horizonte: Fórum, 2009.

STRECK, Lênio Luiz. Contra o Neoconstitucionalismo. Constituição, Economia e Desenvolvimento. *Revista da Academia Brasileira de Direito Constitucional*. Curitiba, 2011, n. 4, jan./jun.

Informação bibliográfica deste texto, conforme a NBR 6023:2018 da Associação Brasileira de Normas Técnicas (ABNT):

HUMBERT, Georges Louis Hage. Lei da liberdade econômica, normas gerais e princípios: impactos na aplicação e interpretação no direito administrativo, urbanístico e ambiental. *In*: HUMBERT, Georges Louis Hage (Coord.). *Lei de liberdade econômica e os seus impactos no Direito Administrativo*. Belo Horizonte: Fórum, 2020. p. 63-70. ISBN 978-85-450-0756-2.

LEI DA LIBERDADE ECONÔMICA E PROCESSO ADMINISTRATIVO

SERGIO FERRAZ

1 Introdução e breve histórico. O enfoque constitucional

A LPA (é dizer, a lei federal geral de processo administrativo – Lei nº 9.784/99) constitui um verdadeiro marco civilizatório, não só na evolução do Direito brasileiro, mas também na construção de uma saudável vivência de Administração Pública. É verdade que antes dela nossas Constituições republicanas precedentes sempre estatuíram a existência do direito de petição e do direito de representação, como canais de veiculação de colaboração ou de reclamos do Cidadão, perante a Administração. Mas tal veículo não era normativamente instrumentalizado, daí resultando que, por quase todo o século 20, o processo administrativo não passava de um rito retórico. Era muito mais um processo *da* Administração (que se julgava realmente sua dona, sua proprietária) que um processo *na* Administração. Uma vez deflagrado pelo indivíduo, quase tudo poderia acontecer: recusa a seu recebimento, *engavetamento*, arquivamento sumário e até mesmo sua instrução sem participação, contudo, dos interessados. O que dificilmente ocorria era o diálogo processual, a contenciosidade, o impulso de ofício, a decisão fundamentada e recorrível. Daí o paradoxo continental constrangedor: enquanto em quase toda a América espanhola se constatava a positivação normativa do processo administrativo, com exemplos de alta qualidade jurídica, no Brasil o processo administrativo era um *patinho feio*, com o indivíduo receando ou nem intentando sua deflagração, com o Judiciário menosprezando-o, com a Administração encarando-o como procedimento interno e opaco. Basta, aliás, a propósito de tudo isso, lembrar como se multiplicavam, entre os anos 50 e 70, os mandados de segurança do administrado, para conseguir simplesmente ter vista do processo administrativo. Recorde-se também o esforço solitário e frustrado do eminente jurista Themístocles Cavalcanti, quando formulou um bem concatenado anteprojeto de processo administrativo federal. Na mesma trilha, mas com vistas a dotar o processo administrativo de respeitabilidade científica, importante mencionar a monografia do saudoso Franco Sobrinho, tão rica quanto carente de efeitos na pragmática jurídica de então.

É um preito de justiça, à doutrina jurídica brasileira, enfatizar que, um momento histórico inicial de quase indiferença, em relação à temática do processo administrativo, viu-se gradualmente substituído por uma dedicação fundamentada à matéria. É mais que hipotética a assertiva de que muito colaborou para essa evolução a tragédia da longa ditadura militar instaurada em 1964. A partir desse infeliz momento, a Administração Pública tornou-se cesarista, cada vez mais arredia ao contato/contágio dos anseios individuais, ao estabelecimento de canais de comunicação cidadão-governo. E, por isso mesmo, filosoficamente (e coerentemente também) refratária a uma cultura de processo administrativo. A academia percebeu a dimensão do precipício e reagiu com o estudo do processo administrativo. Em paralelo, desenrolava-se toda uma produção jurídica atinente à questão da coparticipação do administrado nos afazeres administrativos, à iniciativa legislativa popular, ao controle estatal pela cidadania. Esse o caldo de cultura que estava pronto, na seara do Direito, quando advém a redemocratização e se reúne a Assembleia Constituinte.

Tais pressupostos explicam a razão de o constituinte não ter aceitado limitar-se à repetição, em 1988, da mera previsão do direito de petição e do direito de representação. Tais pressupostos explicam a dicção dos incisos LIV e LV do artigo 5º constitucional, preceitos que fundam, em letra de forma, dois *turnpoints* civilizatórios: a consagração, em letra cheia, do princípio do devido processo legal, sempre alegado e aventado, em jurisprudência e doutrina, com grande esforço construtivo intelectual, mas sem enraizamento no direito constitucional positivo; a extensão, ao processo administrativo, das garantias do contraditório, de longa tradição nos demais segmentos da ciência processual. Estava, a partir daí, instrumentalizado, com eficácia e eficiência, o processo administrativo brasileiro, não mais objeto de propriedade da Administração, mas relação jurídica asseguradora de um direito público subjetivo ao cidadão, à obtenção de fundamentada dirimência, em tempo e forma devidos, no âmbito de um processo administrativo. Ainda assim, onze anos se passaram, até que conhecêssemos, em 1999, a primeira lei federal geral de processo administrativo (LPA). Com ela, meta longamente aguardada se concretizava. E assim se justifica a assertiva inaugural do presente trabalho: fundava-se ali um marco civilizatório do Direito brasileiro e da Administração Pública nacional.

É bem verdade que, a anteceder a Lei nº 9.784/99, o Estado de São Paulo havia editado a sua Lei nº 10.177 (de 30.12.98). Mas esse excelente diploma, a um só tempo regedor do processo administrativo e dos atos administrativos, tinha sua eficácia confinada a uma determinada unidade federativa. Já a LPA, conquanto posterior, em menos de dois meses, por ser lei de processo e de procedimento administrativos, se reveste, no quanto pertinente a *processo* (estrutura, princípios, garantias, deveres, direitos, etc.), da natureza de lei nacional: é que a Constituição, em seu artigo 22, I, atribui com exclusividade à União competência para legislar sobre qualquer tipo de *processo*. Os outros entes federativos só podem legislar (concomitantemente com a União), sobre *procedimentos* em matéria processual (art. 24, XI; nosso o grifo).

Assim, edificada a matriz do processo administrativo brasileiro, viu-se, por fim, aparelhado o relacionamento cidadão e administração, num meio ambiente de colaboração, cooperação e recíprocos controles. É essa realidade, tornada possível pela criação de uma ordenação do processo administrativo, que fundou a percepção hoje incontestável, de que o Estado somente existe e se justifica como Estado-serviente do indivíduo, com funções de mediador, garantidor, regulador e fomentador da boa convivência social, não mais um simples, único e ativo detentor de poder e de império. A essa conquista social se acoplaram as revoluções científicas e tecnológicas – sobretudo no campo da informação e da comunicação –, a organicidade crescente dos movimentos populares, a capilaridade das mídias sociais. O estatismo clássico entrou em definitiva crise, caminhamos resolutamente para um panorama de soberania compartilhada (em que o cidadão é parceiro da Administração Pública): essa a nova governança estatal. E toda essa energia construtiva foi possibilitada e concretizada pelo veículo do processo administrativo. É a cultura do diálogo, a civilização das audiências, das consultas públicas, da inserção do cidadão no processo de propositura, discussão e aprovação das normas. Enfim, o processo administrativo como um marco civilizatório, repita-se.

2 LPA e influxos da legislação posterior

Embora tão recente – 1999 – a LPA tem recebido influxos normativos importantes de vários campos do Direito. E nada há de estranho no particular: a cultura dialógica favoreceu o surgimento, após a LPA, de importantíssimas iniciativas legislativas, muitas das quais diretamente impactantes no campo do processo administrativo. Neste segmento do presente texto destacaremos alguns desses reflexos.

O primeiro, a ser trazido à ribalta, é o Código Civil, de 2002. Antes mesmo dele, duas referências importantes, no tema da integração interpretativa por meio da técnica da subsidiariedade, merecem alusão. Assim:

— a própria LPA, em seu artigo 69, prescreveu sua aplicação subsidiária aos processos administrativos especiais, isto é, os não regidos por lei específica;

— ainda na LPA, seus artigos 56, 64-A e 64-B (introduzidos pela Lei nº 11.417/2006) preveem a submissão das decisões administrativas ao enunciado de súmulas vinculantes do Supremo Tribunal Federal (STF), com o que desde já trazemos à ribalta a questão do respeito aos precedentes, a que regressaremos mais adiante.

Mas voltemos ao ponto das influências integrativas, no processo administrativo, do Código Civil.

Este magno diploma, em seu artigo 50 (em uníssono, aliás com leis anteriores importantíssimas, com destaque à Lei Consumerista, ao Código Tributário Nacional e a Lei das Sociedades Anônimas), estruturou e disciplinou a temática da desconsideração da pessoa jurídica. No particular, não aprofundaremos tão relevante matéria, eis que não constitui o escopo do presente trabalho. Apenas anotaremos que a adoção expressa dessa técnica (aperfeiçoada no CPC de 2015, artigos 133 a 137) constitui-se em importantíssimo instrumento de realização da efetiva justiça e de respeito e ao princípio da boa-fé, afastando a incidência de formalismos que poderiam conduzir o julgador, amarrado à letra dos pactos, a divorciar-se do veraz objetivo das leis. Ressalte-se que a desconsideração da personalidade jurídica veio inclusive a representar um dos mais eficientes mecanismos de persecução dos ímprobos, como se vê do artigo 14 da Lei Anticorrupção (Lei nº 13.846/2013).

Na sequência dos influxos heterotópicos, insta agora referir o Código de Processo Civil de 2015, cuja pauta axiológica (artigos 1º a 14), por si só, teria força suficiente para aplicar-se aos processos administrativos (até como emanação do artigo 37, *caput*, da Constituição da República). Mas o CPC foi mais longe e, em seu artigo 15, determinou sua aplicação subsidiária aos processos administrativos (de toda a Federação), também incidindo sobre os processos eleitorais e os trabalhistas. Por efeito desse complexo normativo, integraram-se, com notável enriquecimento temático e eficacial, ao processo administrativo (integração, claro, operada com a necessária observância, caso a caso, das peculiaridades de cada segmento da Administração Pública) as seguintes excelsas ferramentas (seja-nos permitido o uso do vocábulo):

no que diz respeito aos protagonistas processuais

a) litisconsórcio e assistência: arts. 119 a 124 do CPC;
b) substituição processual: já esboçada no artigo 9º, IV da LPA;
c) denunciação da lide e chamamento ao processo: CPC 125;
d) *amicus curiae*: CPC 138
e) oposição: CPC 682

no que diz respeito a instrumentos úteis à decisão

a) a observância da cronologia dos processos: CPC 12;
(parcialmente adotada na LPA, artigos 49 e 69)
b) desconsideração da pessoa jurídica;
c) acordos processuais: CPC 190;
d) respeito aos precedentes: CPC 926 e 927;
e) exame em bloco das demandas repetitivas: CPC 976;
f) assunção de competência: CPC 947;
(parcialmente adotada no artigo 15 da LPA)

Conforme se verifica dessa simples e objetiva enunciação, ampliou-se consideravelmente, com o advento dos novos Código Civil e Código de Processo Civil, o campo material de aplicação da LPA.

Parece-nos ainda necessário, neste segmento de nosso texto, mencionar mais uma impactante inovação legislativa, a repercutir no processo administrativo: trata-se da Lei nº 13.655/2018, que ampliou consideravelmente a Lei de Introdução às Normas do Direito Brasileiro (LINDB – Decreto-lei nº 4.657/42), acrescentando-lhe os artigos 20 a 30. Desse fundamental diploma pinçamos, agora, os artigos 20 a 24, que alargam de forma considerável a tarefa de aplicação do direito público, obrigando o decisor a uma análise ainda mais intensa e profunda do que a até então habitual, cominando-lhe não só o dever de cabal motivação, mas também a consideração da necessidade de sua atuação, a adequação de seu *dictum* aos confins da divergência e, de modo expresso, a ponderação das consequências jurídicas e administrativas que decorrerão da sua decisão. Trata-se de requisitos de intrincada e inquestionável dificuldade adicional, com que terão de lidar as decisões em processos administrativos, valendo referir que, de toda sorte, de algum auxílio será, na árdua tarefa, a observância do Decreto federal nº 9.830/2019, regulamento dos artigos 20 a 30 da LINDB.

3 A Lei da liberdade econômica (13.874/19) e a LPA

Chega então o momento de projetarmos a disciplina do processo administrativo no amplo e novo panorama dos *Direitos de Liberdade Econômica*, tal como desenhado na Lei nº 13.874 de 20 de setembro de 2019.

A liberdade econômica é um dos *postulados* fundamentais expressos de nossa Constituição. Surge ela logo no artigo 1º, IV, do Texto Maior, como tal qualificado ombro a ombro com a soberania, a cidadania, a dignidade da pessoa humana, o trabalho e o pluralismo político. Nessa passagem, ela é referida como *livre iniciativa*. Mais adiante, o postulado é reforçado a partir do artigo 170 constitucional: além de a iniciativa ser livre, ela se qualifica e aperfeiçoa num sistema de *livre concorrência* (artigo 170, IV). Mais ainda: a lei há de reprimir, dentre outros desvios, a eliminação da concorrência (artigo 173, §4º). Para complementar, por todo o Capítulo I do Título VII a Constituição refreia a atividade econômica do Estado, com previsão expressa das hipóteses em que ela se possa dar, reforçando a todo o instante o primado da liberdade econômica, deferida primacialmente ao particular.

Matéria constitucional dessa envergadura reclamava uma lei especial, que definisse ou fixasse os parâmetros dessa liberdade econômica. Foi isso que se deu com a edição da Lei nº 13.874/19. Cumpre agora focalizar quais os principais reflexos da Lei de Liberdade Econômica, na temática do processo administrativo.

Em primeiro lugar, a pergunta fatal: há conexão de conteúdo ou regra de aplicação, que atraia a atenção do estudioso do processo administrativo, na Lei nº 13.874?

A resposta é um enfático *sim*. O parágrafo 1º do artigo 1º da Lei, ao delimitar seu terreno de incidência, refere à *ordenação pública*. E é indisputável que o instrumento de realização de qualquer tipo de *ordenação pública* é o processo administrativo!

Assim, respondida a primeira pergunta – com a vênia dos que discordem de nossa colocação supra –, impende ressaltar quais os demais tópicos da Lei nº 13.874, com influxos no processo administrativo. É o que se passa a efetuar.

A focalização inicial, aqui, centra-se no artigo 2º do citado diploma, assim redigido:

> Art. 2º São princípios que norteiam o disposto nesta Lei:
> I - a liberdade como uma garantia no exercício de atividades econômicas;
> II - a boa-fé do particular perante o poder público;
> III - a intervenção subsidiária e excepcional do Estado sobre o exercício de atividades econômicas; e
> IV - o reconhecimento da vulnerabilidade do particular perante o Estado.
> Parágrafo único. Regulamento disporá sobre os critérios de aferição para afastamento do inciso IV do *caput* deste artigo, limitados a questões de má-fé, hipersuficiência ou reincidência.

Anote-se a dicção do preceito: trata-se dos princípios "que norteiam o disposto nesta Lei". E dentre as matérias da Lei está, como vimos, o processo administrativo. Daí que passam a integrar a pauta axiológica da LPA (e de qualquer outra lei federal, estadual, municipal ou distrital, que disponha, em maior ou menor grau, parcial ou totalmente, sobre processos administrativos), além do quanto referido no parágrafo único de seu artigo 2º,

> a presunção de boa-fé do particular perante o poder público;
> a vulnerabilidade do particular perante o Estado.

Da necessária conjugação do artigo 2º da Lei nº 13.874 com o artigo 2º da LPA flui o dever, para o decisor administrativo, de, na instrução e sobretudo na decisão do processo administrativo, ter em conta esses dois marcos: a boa-fé presumida (presunção relativa, é claro) do administrado e sua vulnerabilidade axiomática em face do Estado. Esta é, cremos, uma inflexão inafastável, um momento absolutamente novo, na vivência do processo administrativo. À revolução ditada pelos artigos 20 a 24 da LINDB soma-se, para o decisor, a revolução do artigo 2º da Lei de Liberdade Econômica.

Isso já bastava para retratar quão impressionante é a repercussão da Lei nº 13.874, na seara do processo administrativo. Mas os influxos e as repercussões não cessam aí.

O artigo 3º, IX, da Lei nº 13.874, que fala textualmente em *processo*, atribui ao silêncio do administrador, na decisão do feito administrativo, o efeito de aprovação do pedido do particular, a não ser que em outra lei expressamente disposto diversamente. É o que já vínhamos sustentando, há tempos, em nosso "Processo Administrativo" (com Adilson Dallari).

Temos, pois, todo um mundo novo a conhecer e palmilhar, na temática do processo administrativo, por direta e inafastável inflexão da Lei de Liberdade Econômica.

Por último, somente a título de arremate, sublinhe-se que a Lei em questão, em seu artigo 10, embora se remetendo a um outro diploma (Lei nº 12.682/2012), dá em reiteração ao que já dissemos alhures, as balizas empíricas imprescindíveis, à plena adoção dos meios eletrônicos, para a formação, instrução e decisão do processo administrativo.

4 Conclusão

Temos com frequência afirmado, em aulas, palestras, artigos e livros, que, não obstante as sempre proclamadas (e com razão e justiça, diga-se) grandes falhas de nosso Legislativo, de tempos em tempos nosso Congresso traz à luz documentos normativos de incontestável qualidade e ressonância. Em diferentes momentos, as Leis de Improbidade Administrativas e de Responsabilidade Fiscal, para ficarmos em datas distantes, bem como a Lei Anticorrupção e da Transparência Administrativa, para nos situarmos no hoje, comprovam nossa assertiva, bem como as premissas ontológicas, metodológicas e axiológicas do presente trabalho. A Lei de Liberdade Econômica integra este arsenal de excelência. E realimenta a esperança de que não podemos abrir mão da possibilidade de estruturar uma sociedade sadia, respeitosa ao Direito, divorciada de maniqueísmos políticos e/ou ideológicos, comprometida com a conquista de um pleno desenvolvimento, natural e culturalmente sustentável.

Informação bibliográfica deste texto, conforme a NBR 6023:2018 da Associação Brasileira de Normas Técnicas (ABNT):

FERRAZ, Sergio. Lei da liberdade econômica e processo administrativo. *In*: HUMBERT, Georges Louis Hage (Coord.). *Lei de liberdade econômica e os seus impactos no Direito Administrativo*. Belo Horizonte: Fórum, 2020. p. 71-78. ISBN 978-85-450-0756-2.

LIBERDADE ECONÔMICA EM FACE DO SILÊNCIO ADMINISTRATIVO NO DIREITO BRASILEIRO

VLADIMIR DA ROCHA FRANÇA

1 Introdução

Recentemente, foi inserido no sistema do Direito Positivo brasileiro a Lei Federal nº 13.874, de 20 de setembro de 2019,[1] decorrente da conversão em lei da Medida Provisória nº 881, de 30 de abril de 2019.[2]

O referido diploma legal institui a *Declaração de Direitos de Liberdade Econômica*. Em rigor, destina-se ao reconhecimento ou instituição de direitos subjetivos para os administrados diante do Estado brasileiro, quando este ordena a atividade econômica.

---

[1] Institui a Declaração de Direitos de Liberdade Econômica; estabelece garantias de livre mercado; altera as Leis nºs 10.406, de 10 de janeiro de 2002 (Código Civil), 6.404, de 15 de dezembro de 1976, 11.598, de 3 de dezembro de 2007, 12.682, de 9 de julho de 2012, 6.015, de 31 de dezembro de 1973, 10.522, de 19 de julho de 2002, 8.934, de 18 de novembro 1994, o Decreto-Lei nº 9.760, de 5 de setembro de 1946 e a Consolidação das Leis do Trabalho, aprovada pelo Decreto-Lei nº 5.452, de 1º de maio de 1943; revoga a Lei Delegada nº 4, de 26 de setembro de 1962, a Lei nº 11.887, de 24 de dezembro de 2008, e dispositivos do Decreto-Lei nº 73, de 21 de novembro de 1966; e dá outras providências.

[2] Institui a Declaração de Direitos de Liberdade Econômica, estabelece garantias de livre mercado, análise de impacto regulatório, e dá outras providências.

Embora a via eleita para a inserção dessa declaração de direitos seja de constitucionalidade duvidosa,[3] ela não deixa de reforçar a liberdade econômica no sistema do Direito Positivo brasileiro. Um ponto interessante para reflexão é se tal declaração reconhece direitos inerentes ao direito fundamental à liberdade econômica, nos termos do art. 5º, §2º,[4] da Constituição Federal, ou se se trata de sua ampliação por via infraconstitucional.

Nesse sentido, propõe-se aqui a examinar uma das garantias constantes da Lei Federal nº 13.874/2019, prevista no seu art. 3º, IX,[5] no que concerne ao *silêncio administrativo*.

Para tanto, emprega-se aqui a metodologia preconizada pela Dogmática Jurídica, que toma o sistema do Direito Positivo brasileiro como sua base empírica,[6] sem se perder de vista o seu caráter tridimensional.[7]

---

[3] É discutível que a matéria, embora relevante, não ensejava urgência na sua disciplina legislativa. Poder-se-ia perfeitamente ter sido usada a via legislativa ordinária, nos termos do art. 59, III, do art. 61, *caput*, e dos arts. 64 a 67, todos da Constituição Federal. Nesse diapasão, não houve o preenchimento integral dos pressupostos para a expedição da medida provisória em apreço, constantes do art. 62, *caput*, da Constituição Federal. Sobre a matéria, consultar: BANDEIRA DE MELLO, 2019: 133-141; CLÈVE, 1998; DANTAS, 1997; FIGUEIREDO, 1991; NOBRE JÚNIOR, 2000.

[4] Esse enunciado constitucional tem a seguinte redação:
Art. 5º (...)
§2º Os direitos e garantias expressos nesta Constituição não excluem outros decorrentes do regime e dos princípios por ela adotados, ou dos tratados internacionais em que a República Federativa do Brasil seja parte.

[5] Esse enunciado legal tem a seguinte redação:
Art. 3º São direitos de toda pessoa, natural ou jurídica, essenciais para o desenvolvimento e o crescimento econômicos do País, observado o disposto no parágrafo único do art. 170 da Constituição Federal:
(...)
IX - ter a garantia de que, nas solicitações de atos públicos de liberação da atividade econômica que se sujeitam ao disposto nesta Lei, apresentados todos os elementos necessários à instrução do processo, o particular será cientificado expressa e imediatamente do prazo máximo estipulado para a análise de seu pedido e de que, transcorrido o prazo fixado, o silêncio da autoridade competente importará aprovação tácita para todos os efeitos, ressalvadas as hipóteses expressamente vedadas em lei;.

[6] O sistema do Direito Positivo brasileiro foi implantado pela Constituição da República Federativa do Brasil – a Constituição Federal –, promulgada em 5 de outubro de 1988.

[7] Sobre a matéria, consultar: MELLO, 2014a; PONTES DE MIRANDA, 1999, v. 1; REALE, 1996; REALE, 1999; VILANOVA, 1997; VILANOVA, 2000; VILANOVA, 2003, v. 1.

2 A liberdade econômica na Constituição Federal

A ideia de liberdade econômica é considerada essencial para os modelos jurídicos[8] liberais[9] e conservadores,[10] haja vista ser vista como uma das colunas de sustentação do desenvolvimento socioeconômico. Não se perca de vista que, nos modelos jurídicos socialistas,[11] tal concepção contribuiria para a desigualdade socioeconômica.

Embora não se possa afirmar que a Constituição Federal vigente seja integralmente fiel a qualquer um dos modelos jurídicos citados, não se pode negar que há a tentativa de se conciliar a proteção de uma esfera jurídica intangível para cada administrado com demandas de intervenção do Estado na atividade privada com a finalidade de se concretizar metas de justiça social.[12]

Mas há quem defenda que houve uma opção predominantemente socialista na confecção do texto constitucional,[13] que acaba ensejando o progressivo esvaziamento dos direitos fundamentais individuais por meio de modelos jurídicos legislativos e jurisprudenciais excessivamente intervencionistas.[14]

De todo modo, o valor social da livre iniciativa se encontra no rol de fundamentos do Estado brasileiro, conforme o art. 1º, IV,[15] da Constituição Federal. E, ao se conjugar o direito fundamental de liberdade[16] com o direito fundamental de propriedade,[17] não há como se negar ao administrado a faculdade de produzir ou ofertar bens e serviços no mercado, bem como a de trocá-los desembaraçadamente.

Verifica-se ainda que a ordem econômica instituída pela Constituição Federal está fundada na livre iniciativa, tendo ainda como

---

8 Sobre o conceito de modelo jurídico, consultar: REALE, 1999.

9 Sobre a perspectiva liberal, consultar: HAYEK, 1978; MISES, 2010; ROSENFIELD, 2010.

10 Sobre a perspectiva conservadora, consultar: SCRUTON, 2015.

11 Sobre a perspectiva socialista, consultar: LASKI, 1982; MARX; ENGELS, 2005; PASUKANIS, 1989.

12 Sobre a matéria, consultar: REALE, 1998.

13 Nesse sentido, consultar: GRAU, 2015; SILVA, 2002.

14 Nesse sentido, consultar: ROSENFIELD, 2008; ROSENFIELD, 2010; SAAD, 2019.

15 Esse enunciado constitucional tem a seguinte redação:
Art. 1º A República Federativa do Brasil, formada pela união indissolúvel dos Estados e Municípios e do Distrito Federal, constitui-se em Estado Democrático de Direito e tem como fundamentos:
(...)
V - os valores sociais do trabalho e da livre iniciativa;

16 *Vide* o art. 5º, *caput*, da Constituição Federal.

17 *Vide* o art. 5º, *caput*, e XXXII.

princípio a propriedade privada.[18] Merece ainda destaque que, em reforço à garantia fundamental da legalidade,[19] estabelece-se que todos têm a faculdade de realizar a *atividade econômica*, independentemente de *autorização* estatal, salvo quando a *lei* assim o exigir.[20]

Mesmo assim, as referências constitucionais à justiça social[21] e à função social da propriedade[22] na ordem econômica parecem induzir a concepção de que a liberdade econômica compreenderia um direito fundamental menor, que sempre deve ser relegado para o segundo plano quando confrontado com intervenções estatais justificadas em nome dos direitos fundamentais sociais[23] ou do direito fundamental ao meio ambiente ecologicamente equilibrado.[24] E, não raras vezes, abre-se espaço para o esmagamento da liberdade econômica sem qualquer reverência à garantia fundamental da legalidade, numa abordagem demagógica em torno da aplicabilidade imediata das normas constitucionais definidoras de direitos fundamentais.[25]

Em rigor, cada direito fundamental constitui um modelo jurídico legislativo, encartado na Constituição Federal, que compreende um complexo de normas e relações jurídicas. Nesse diapasão, o direito fundamental à liberdade econômica compreende: (i) a faculdade de escolher o que se vai produzir e o quanto se vai produzir, em matéria de bens e serviços;[26] (ii) a faculdade de realizar o negócio jurídico[27] necessário para se viabilizar a oferta ou troca de bens e serviços, conforme a conveniência e oportunidade do agente produtivo; (iii) a faculdade de se organizar a produção, a oferta e a troca de bens e serviços de modo empresarial, com ou sem o recurso da técnica da pessoa jurídica.[28]

---

[18] *Vide* o art. 170, *caput*, e II, da Constituição Federal.

[19] *Vide* o art. 5º, II, o art. 84, *caput*, IV, e o art. 59, todos da Constituição Federal.

[20] *Vide* o art. 170, parágrafo único, da Constituição Federal.

[21] *Vide* o art. 170, *caput*, da Constituição Federal.

[22] *Vide* o art. 5º, XXIII, e o art. 170, III, ambos da Constituição Federal.

[23] *Vide* o art. 6º, e o art. 170, III, VII e VIII, da Constituição Federal.

[24] *Vide* o art. 225, e o art. 170, VI, da Constituição Federal.

[25] *Vide* o art. 5º, §1º, da Constituição Federal.

[26] Faculdade que tem nítida relação com a liberdade de trabalho, prevista no art. 5º, XIII, da Constituição Federal.

[27] O negócio jurídico é o fato jurídico que tem em seu cerne uma exteriorização de vontade (ou uma conduta a ela equiparada), que autoriza seu(s) emissor(es) a dispor(em) sobre a intensidade e os efeitos jurídicos que ela produz no sistema do Direito Positivo. Sobre a matéria, consultar: LÔBO, 2013; MELLO, 2014a.

[28] Registre-se que nem toda a atividade econômica é uma atividade empresarial, embora toda atividade empresarial seja uma atividade econômica, como se depreende da análise do art. 966 da Lei Federal nº 10.406, de 10 de janeiro de 2002 (Institui o Código Civil). Outro ponto a ser destacado reside no fato de que a faculdade de criar, manter ou extinguir uma pessoa jurídica com finalidade empresarial decorre da liberdade de associação (art. 5º, XVII a XX,

Também convém ressaltar que a atividade econômica é campo de atuação por excelência do particular,[29] devendo o desenvolvimento dessa atividade pelo Estado ser realizada de modo excepcional, seja por imperativo de segurança nacional ou relevante interesse coletivo,[30] seja por se tratar de monopólio da União.[31]

Costuma-se afirmar que o desenvolvimento de atividade econômica por empresa estatal constitui uma forma de intervenção estatal na economia.[32] Cuida-se da intervenção direta na economia.

O Estado tem legitimidade para intervir indiretamente na atividade econômica para concretizar metas constitucionais de justiça social, com amparo no art. 174, *caput*,[33] da Constituição Federal.[34] Todavia, toda e qualquer intervenção estatal demanda a existência de interesse público[35] que a justifique, especialmente sob a ótica do sistema de direitos fundamentais instaurado pela Lei Maior. Nesse aspecto, é relevantíssimo o exame da proporcionalidade e da razoabilidade da medida.[36]

Outro ponto a ser destacado reside no fato de que a intervenção estatal na atividade econômica está submetida à garantia fundamental da legalidade.[37] Portanto, é imprescindível para a constitucionalidade da medida que ela esteja autorizada ou imposta por lei.

A intervenção estatal indireta na atividade econômica se efetiva mediante o exercício da função administrativa.[38] Abrange as competências administrativas de ordenação e de fomento.

---

da Constituição Federal) e da liberdade de trabalho (art. 5º, XIII, da Constituição Federal), haja vista o disposto no art. 5º, §2º, da Constituição Federal.

[29] *Vide* o art. 1º, IV, e o art. 170, *caput*, e parágrafo único, ambos da Constituição Federal.

[30] *Vide* o art. 173 da Constituição Federal.

[31] *Vide* o art. 177 da Constituição Federal.

[32] Sobre a matéria, consultar: GRAU, 2015.

[33] Esse enunciado constitucional tem a seguinte redação:
Art. 174. Como agente normativo e regulador da atividade econômica, o Estado exercerá, na forma da lei, as funções de fiscalização, incentivo e planejamento, sendo este determinante para o setor público e indicativo para o setor privado.

[34] Sobre a matéria, consultar: FRANÇA, 2009.

[35] Há duas espécies de interesse público: (i) os interesses públicos difusos, que são aqueles que dizem respeito ao indivíduo, enquanto membro da sociedade, num dado tempo social; e, (ii) os interesses públicos coletivos, que são aqueles de titularidade do indivíduo enquanto parte de um grupo social reconhecido como hipossuficiente pela Constituição Federal. Sobre a matéria, consultar: FRANÇA, 2016.

[36] Sobre a matéria, consultar: ÁVILA, 2003; OLIVEIRA, 2006.

[37] Vide o art. 5º, II, o art. 84, IV, e o art. 174, *caput*, todos da Constituição Federal.

[38] Entenda-se por função administrativa a atividade desenvolvida pelo Estado, ou por quem esteja no exercício de prerrogativas públicas, que compreende a expedição de atos jurídicos complementares à lei (ou excepcionalmente à própria Constituição), sujeitos ao controle de juridicidade a cargo do Poder Judiciário, que se destinam a dar concretização a interesse público e à harmonização dos direitos fundamentais dos administrados.

A *administração ordenadora* consiste na atividade administrativa voltada à concretização da disciplina legal das atividades privadas.[39] Envolve basicamente as seguintes competências: (i) a constituição de direitos subjetivos individuais por meio de ato administrativo; (ii) a implementação de condicionamentos administrativos de direitos subjetivos dos administrados, que podem ser limites (deveres de não fazer), encargos (deveres de fazer) ou sujeições (deveres de suportar); (iii) a efetivação de sacrifícios de direitos subjetivos individuais, que podem ser totais ou parciais, permanentes ou temporários; (iv) e a imposição de prestações dos administrados em favor da Administração Pública.[40]

Por sua vez, a *administração fomentadora* compreende a atividade administrativa que se destina ao incentivo ou desincentivo da atividade privada. Por meio da concessão de bônus ou da imposição de ônus, a Administração Pública procura induzir as condutas dos administrados conforme as políticas públicas que estejam em vigor.

Quanto ao planejamento, pode-se afirmar que se trata de atividade eminentemente legislativa, pois a instituição de políticas públicas deve ser feita por meio de lei.[41] Quando o exercício das competências administrativas de ordenação e de fomento está associado à política pública, pode-se dizer que elas têm finalidade regulatória.

Em rigor, embora a prestação de serviços públicos tenha inequívoca repercussão socioeconômica, trata-se de atividade administrativa e, por conseguinte, campo de atuação por excelência do Estado.[42] O mesmo pode ser dito quanto à gestão dos bens públicos.[43]

3 O fenômeno do silêncio administrativo

Os atos jurídicos não se limitam apenas às declarações, ou seja, a comunicações feitas pelo uso da linguagem. O sistema do Direito Positivo pode perfeitamente reconhecer a conduta humana na qual

---

[39] Sobre a matéria, consultar: SUNDFELD, 1993.

[40] Nessa concepção, o que se convencionou chamar de poder de polícia (ou polícia administrativa), bem como instrumentos como a servidão administrativa, o tombamento e a desapropriação, são vistos de forma integrada, levando-se em consideração a esfera jurídica do particular de forma global. Isso permite um exame mais sistematizado da intervenção estatal na atividade privada.

[41] *Vide* o art. 174, *caput*, e §1º, da Constituição Federal.

[42] *Vide* o art. 175 e o art. 193, ambos da Constituição Federal.
Sobre a matéria, consultar: BASTOS, 2000; GROTTI, 2003; TAVARES, 2003.

[43] *Vide* o art. 176 da Constituição Federal.
Sobre a matéria, consultar: MARQUES NETO, 2009.

não se faça o uso da linguagem como exteriorização de vontade apta para gerar efeitos jurídicos. Nesse caso, está-se diante da manifestação.

Por sua vez, as manifestações de vontade podem ser ações ou omissões. Como exemplo das primeiras, tem-se o ingresso do administrado dentro de um ônibus mantido por um concessionário de serviço público de transporte urbano coletivo, que viabiliza a conclusão de um contrato de transporte. Quanto às segundas, pode-se citar as hipóteses previstas no art. 66, §3º,[44] da Constituição Federal, e no art. 111[45] do Código Civil.

A chave de como a omissão vai ingressar no sistema do Direito Positivo depende necessariamente de como a norma jurídica[46] nela incidirá. Entenda-se aqui como incidência normativa, anote-se, como a conversão do suporte fático descrito na hipótese da norma jurídica vigente em fato jurídico, que ocorre quando a configuração de todos os elementos constantes do referido suporte fático ocorrem na realidade e são objeto de comunicação.[47]

---

[44] Esse enunciado constitucional tem a seguinte redação:
Art. 66. (...)
§3º Decorrido o prazo de quinze dias, o silêncio do Presidente da República importará sanção.

[45] Esse enunciado legal tem a seguinte redação:
Art. 111. O silêncio importa anuência, quando as circunstâncias ou os usos o autorizarem, e não for necessária a declaração de vontade expressa.

[46] A norma jurídica é uma proposição prescritiva, dotada da seguinte estrutura lógica: (i) a hipótese, na qual há a descrição de um evento ou conduta de possível ocorrência na realidade (ou, excepcionalmente, em face da segurança jurídica, já ocorrido), denominado suporte fático; e, (ii) o consequente, do qual consta a prescrição de uma relação ou situação jurídica.
A norma será abstrata se o suporte fático for futuro, e concreta se este for pretérito.
Quanto ao consequente, a norma poderá ser geral ou individual de acordo com o delineamento dado pela norma jurídica na definição do sujeito de direito que deve integrar a relação ou situação jurídica.
Sobre a matéria, consultar: MELLO, 2014a; PONTES DE MIRANDA, 1999, v. 1; VILANOVA, 2000.

[47] Se, por um lado, afasta-se aqui a tese de PONTES DE MIRANDA (1999, v. 1) de que basta para a incidência normativa a presença de um ser humano, também se rejeita a proposta de CARVALHO (1999) no sentido de que ela pressupõe a aplicação do sistema do Direito Positivo por meio de uma norma individual e concreta. Tese esta que, inclusive, já se defendeu em trabalho anterior (FRANÇA, 2007).
Não se pode perder de vista que somente o que é comunicado é socialmente relevante (SOUTO; SOUTO, 1985). Nesse diapasão, basta que a ocorrência do suporte fático seja objeto de interação social – e ela pressupõe comunicação – para que ocorra a incidência normativa.
Mas a identificação da ocorrência ou não da incidência normativa demanda necessariamente a interpretação. Nesse contexto, havendo a aplicação da norma jurídica, não deixa de haver a presunção de que a incidência normativa efetivamente ocorreu. Presunção essa que pode ser

No presente ensaio, o foco reside nas omissões da Administração Pública, ou seja, no silêncio administrativo.

Em rigor, o silêncio administrativo ocorre nesta escoa, e ela se omite; (ii) se o administrado, no exercício da garantia fundamental prevista no art. 5º, XXXIV, "a",[48] da Constituição Federal, provoca a Administração Pública, e ela se omite; ou, (iii) na hipótese de controle da Administração Pública, demanda-se uma resposta da autoridade competente ao órgão responsável por sua fiscalização.

Ambas as situações se mostram, em regra, incompatíveis com o regime jurídico-administrativo, o modelo jurídico que rege a atividade administrativa do Estado.

Por injunção do princípio da legalidade,[49] a Administração Pública não pode se recusar injustificadamente a cumprir os prazos instituídos por lei para emitir sua decisão. Outra questão é, se por razão justificável ou não, a autoridade administrativa deixa o referido prazo se exaurir sem decisão, e a lei considera ou não tal omissão um ato jurídico.

E, se fosse reconhecida competência discricionária para a Administração Pública responder ou não os pedidos ou impugnações dos administrados, de nada serviria a garantia fundamental do direito de petição.[50]

Ademais, registre-se que no âmbito da União, a omissão da autoridade administrativa na emissão de uma decisão expressa pode ser considerada ato ilícito, nos termos do art. 319[51] do Decreto-Lei

---

revista quando o ato jurídico praticado é reformado por outro, ao se examinar a sua validade. Ainda sobre a matéria, consultar: ARAÚJO, 2011; MELLO, 2014a; MELLO, 2014b.

[48] Esse enunciado constitucional tem a seguinte redação:
Art. 5º Todos são iguais perante a lei, sem distinção de qualquer natureza, garantindo-se aos brasileiros e aos estrangeiros residentes no País a inviolabilidade do direito à vida, à liberdade, à igualdade, à segurança e à propriedade, nos termos seguintes:
(...)
XXXIV - são a todos assegurados, independentemente do pagamento de taxas:
a) o direito de petição aos Poderes Públicos em defesa de direitos ou contra ilegalidade ou abuso de poder;

[49] *Vide* o art. 5º, II, o art. 37, *caput*, e o art. 84, IV, todos da Constituição Federal.

[50] Nesse sentido, consultar: BANDEIRA DE MELLO, 2019.

[51] Esse enunciado legal tem a seguinte redação:
Art. 319 - Retardar ou deixar de praticar, indevidamente, ato de ofício, ou praticá-lo contra disposição expressa de lei, para satisfazer interesse ou sentimento pessoal:
Pena - detenção, de três meses a um ano, e multa.

nº 2.848, de 7 de dezembro de 1940,[52] art. 116, I e III,[53] da Lei Federal nº 8.112, de 11 de dezembro de 1990,[54] do art. 189[55] do Código Civil, e do art. 48[56] da Lei Federal nº 9.784, de 29 de janeiro de 1999.[57]

Ainda assim, para fins sancionadores, deve-se levar em consideração os princípios da razoabilidade e proporcionalidade, reforçados pelo art. 22, §§2º e 3º,[58] do Decreto-Lei nº 4.657, de 4 de setembro de 1942.[59] Mas sem prejuízo do art. 37, §6º,[60] da Constituição Federal, e do art. 927[61] do Código Civil.

Conforme o caso, a omissão administrativa pode consistir em: (i) ato-fato jurídico administrativo, quando é irrelevante a presença ou não da vontade da Administração Pública ao se omitir, para se reconhecer a incidência normativa; ou, (ii) ato jurídico administrativo,[62] se se faz

---

52 Código Penal.

53 Esses enunciados legais têm a seguinte redação:
Art. 116. São deveres do servidor:
I - exercer com zelo e dedicação as atribuições do cargo;
(...)
III - observar as normas legais e regulamentares;

54 Dispõe sobre o regime jurídico dos servidores públicos civis da União, das autarquias e das fundações públicas federais.

55 Esse enunciado legal tem a seguinte redação:
Art. 186. Aquele que, por ação ou omissão voluntária, negligência ou imprudência, violar direito e causar dano a outrem, ainda que exclusivamente moral, comete ato ilícito.

56 Esse enunciado legal tem a seguinte redação:
Art. 48. A Administração tem o dever de explicitamente emitir decisão nos processos administrativos e sobre solicitações ou reclamações, em matéria de sua competência.

57 Regula o processo administrativo no âmbito da Administração Pública Federal.

58 Esses enunciados legais têm a seguinte redação:
Art. 22. (...)
§2º Na aplicação de sanções, serão consideradas a natureza e a gravidade da infração cometida, os danos que dela provierem para a administração pública, as circunstâncias agravantes ou atenuantes e os antecedentes do agente.
§3º As sanções aplicadas ao agente serão levadas em conta na dosimetria das demais sanções de mesma natureza e relativas ao mesmo fato.

59 Lei de Introdução às normas do Direito Brasileiro.

60 Esse enunciado constitucional tem a seguinte redação:
Art. 37. (...)
§6º As pessoas jurídicas de direito público e as de direito privado prestadoras de serviços públicos responderão pelos danos que seus agentes, nessa qualidade, causarem a terceiros, assegurado o direito de regresso contra o responsável nos casos de dolo ou culpa.

61 Esse enunciado legal tem a seguinte redação:
Art. 927. Aquele que, por ato ilícito (arts. 186 e 187), causar dano a outrem, fica obrigado a repará-lo.
Parágrafo único. Haverá obrigação de reparar o dano, independentemente de culpa, nos casos especificados em lei, ou quando a atividade normalmente desenvolvida pelo autor do dano implicar, por sua natureza, risco para os direitos de outrem.

62 Identificam-se aqui três espécies de atos jurídicos administrativos: (i) o *ato administrativo normativo*, que insere normas jurídicas no sistema do Direito Positivo; (ii) o *negócio jurídico*

necessária a constatação da consciência da vontade da Administração Pública para a incidência normativa.[63]

No primeiro caso, há maior relevância da discussão em torno da presença da responsabilidade do Estado, negocial ou extranegocial, em face do administrado.

Já no segundo caso, mostra-se relevante verificar se houve ou não efetivamente um ato jurídico com a omissão administrativa; e, se há ato jurídico, examinar a sua validade e que efeito ele tem na esfera jurídica do administrado.

Ainda assim, fica o desafio de se contrapor o silêncio administrativo com efeitos decisórios em face do dever de motivação dos atos jurídicos administrativos.[64]

4 Tutela da liberdade econômica em face do silêncio administrativo

A Lei Federal nº 13.874/2019, em seu art. 1º, §1º,[65] determina a incidência e a aplicabilidade das normas que ela veicula na atividade administrativa ordenadora. E, em seu art. 1º, §2º,[66] complementado pelo seu art. 2º,[67] são estabelecidas diretrizes interpretativas nessa atividade

administrativo, no qual o(s) emissor(es) pode(m) dispor sobre a extensão ou intensidade dos efeitos jurídicos que o ato produz; (iii) e o *ato jurídico administrativo em sentido estrito*, cuja eficácia jurídica é exaustivamente delineada pela lei (ou ato normativo que o disciplina). Sobre a matéria, consultar: FRANÇA, 2007; FRANÇA, 2017; MELLO, 2014; VILANOVA, 2000.

63 Pela admissibilidade da omissão administrativa como ato jurídico administrativo, consultar: JUSTEN FILHO, 2012.
Pela rejeição da omissão administrativa como ato jurídico administrativo: AMARAL, 2018; BANDEIRA DE MELLO, 2019.
Nesse trabalho, reforma-se posição anterior (FRANÇA, 2007).

64 Sobre a matéria, consultar: FRANÇA, 2007; FRANÇA, 2017.

65 Esse enunciado legal tem a seguinte redação:
Art. 1º (...)
§1º O disposto nesta Lei será observado na aplicação e na interpretação do direito civil, empresarial, econômico, urbanístico e do trabalho nas relações jurídicas que se encontrem no seu âmbito de aplicação e na ordenação pública, inclusive sobre exercício das profissões, comércio, juntas comerciais, registros públicos, trânsito, transporte e proteção ao meio ambiente.

66 Esse enunciado legal tem a seguinte redação:
Art. 1º. (...)
§2º Interpretam-se em favor da liberdade econômica, da boa-fé e do respeito aos contratos, aos investimentos e à propriedade todas as normas de ordenação pública sobre atividades econômicas privadas.

67 Esse enunciado legal tem a seguinte redação:
Art. 2º São princípios que norteiam o disposto nesta Lei:
I - a liberdade como uma garantia no exercício de atividades econômicas;
II - a boa-fé do particular perante o poder público;

da Administração Pública, que visam a assegurar maior segurança e proteção à iniciativa privada.

Também é interessante anotar que, com arrimo no art. 24, I, e §§1º a 4º,[68] da Constituição Federal, a Lei Federal nº 13.874/2019 declara em seu art. 1º, §4º,[69] que algumas normas por ela veiculadas devem ser consideradas normas gerais de Direito Econômico.

De acordo com o já citado art. 3º, IX, da Lei Federal nº 13.874/2019, o decurso do prazo legal para a Administração Pública para decidir sobre a "liberação de atividade econômica", deve ser interpretado como "aprovação tácita para todos os efeitos, ressalvadas as hipóteses expressamente vedadas em lei".

Contudo, o art. 1º, §5º,[70] da Lei Federal nº 13.874/2019, afastando o caráter de norma geral de Direito Econômico o disposto no art. 3º, IX, do mesmo diploma legal.

III - a intervenção subsidiária e excepcional do Estado sobre o exercício de atividades econômicas; e
IV - o reconhecimento da vulnerabilidade do particular perante o Estado.
Parágrafo único. Regulamento disporá sobre os critérios de aferição para afastamento do inciso IV do *caput* deste artigo, limitados a questões de má-fé, hipersuficiência ou reincidência.

[68] Esses enunciados constitucionais têm a seguinte redação:
Art. 24. Compete à União, aos Estados e ao Distrito Federal legislar concorrentemente sobre:
I - direito tributário, financeiro, penitenciário, econômico e urbanístico;
(...)
§1º No âmbito da legislação concorrente, a competência da União limitar-se-á a estabelecer normas gerais.
§2º A competência da União para legislar sobre normas gerais não exclui a competência suplementar dos Estados.
§3º Inexistindo lei federal sobre normas gerais, os Estados exercerão a competência legislativa plena, para atender a suas peculiaridades.
§4º A superveniência de lei federal sobre normas gerais suspende a eficácia da lei estadual, no que lhe for contrário.

[69] Esse enunciado legal tem a seguinte redação:
Art. 1º (...)
§4º O disposto nos arts. 1º, 2º, 3º e 4º desta Lei constitui norma geral de direito econômico, conforme o disposto no inciso I do *caput* e nos §§ 1º, 2º, 3º e 4º do art. 24 da Constituição Federal, e será observado para todos os atos públicos de liberação da atividade econômica executados pelos Estados, pelo Distrito Federal e pelos Municípios, nos termos do § 2º deste artigo.

[70] Esse enunciado legal tem a seguinte redação:
Art. 1º (...)
§5º O disposto no inciso IX do *caput* do art. 3º desta Lei não se aplica aos Estados, ao Distrito Federal e aos Municípios, exceto se:
I - o ato público de liberação da atividade econômica for derivado ou delegado por legislação ordinária federal; ou
II - o ente federativo ou o órgão responsável pelo ato decidir vincular-se ao disposto no inciso IX do *caput* do art. 3º desta Lei por meio de instrumento válido e próprio.

Em rigor, os "atos de liberação de atividade econômica" são atos administrativos ampliativos,[71] destinados à constituição de direitos subjetivos ou pretensões[72] para os administrados em matéria de produção, oferta ou troca de bens e serviços no mercado. Essa conclusão se confirma ao se aferir o disposto no art. 1º, §6º,[73] da Lei Federal nº 13.874/2019.

Assim, excluíram-se os atos administrativos ampliativos que têm por objeto a delegação da prestação de serviços públicos[74] para os particulares ou a utilização privativa de bens públicos pelos mesmos.[75]

No art. 170, parágrafo único, da Constituição Federal, faz-se referência à *autorização*. Numa abordagem açodada, isso poderia levar o intérprete a restringir essa expressão à visão tradicional da doutrina administrativa em torno da autorização.[76]

---

[71] Sobre a matéria, consultar: AURÉLIO, 2011; BANDEIRA DE MELLO, 2019.

[72] Quando uma conduta humana é qualificada como obrigatória, proibida ou permitida, diz-se que aquele que se beneficia desse dever – o sujeito ativo – é titular de direito subjetivo em face de quem tem aquele dever – o sujeito passivo.
Quando o cumprimento desse dever é exigível, afirma-se que o sujeito ativo tem a pretensão, havendo sob a ótica do sujeito passivo a correspondente obrigação.
O direito subjetivo pode nascer já armado de pretensão, ou surgir sem esta, demandando outro fato jurídico.
Por fim, quando a pretensão do sujeito ativo é frustrada ou ameaçada pelo sujeito passivo, nasce a ação para aquele e a situação de acionado para este.
Todavia, o sujeito passivo pode ser titular de exceção que elimine ou encubra o efeito jurídico favorável ao sujeito ativo, ficando este na situação de excepcionado.
Sobre a matéria, consultar: MELLO, 2014c.

[73] Esse enunciado legal tem a seguinte redação:
Art. 1º. (...)
§6º Para fins do disposto nesta Lei, consideram-se atos públicos de liberação a licença, a autorização, a concessão, a inscrição, a permissão, o alvará, o cadastro, o credenciamento, o estudo, o plano, o registro e os demais atos exigidos, sob qualquer denominação, por órgão ou entidade da administração pública na aplicação de legislação, como condição para o exercício de atividade econômica, inclusive o início, a continuação e o fim para a instalação, a construção, a operação, a produção, o funcionamento, o uso, o exercício ou a realização, no âmbito público ou privado, de atividade, serviço, estabelecimento, profissão, instalação, operação, produto, equipamento, veículo, edificação e outros.

[74] Sobre a matéria, consultar: BANDEIRA DE MELLO, 2017; DI PIETRO, 2008; FERRAZ; SAAD, 2018; GROTTI, 2003; MONTEIRO, 2010; SAAD, 2019.

[75] Sobre a matéria, consultar: DI PIETRO, 2010; MARQUES NETO, 2009.

[76] Examine-se, por exemplo, a seguinte e antiga lição doutrinária:
Autorização é o ato administrativo discricionário e precário pelo qual o Poder Público torna possível ao pretendente a realização de certa atividade, serviço ou utilização de determinados bens particulares ou públicos, de seu exclusivo ou predominante interesse, que a lei condiciona à aquiescência prévia da Administração, tais como o uso especial de bem público, o porte de arma, o trânsito por determinados locais etc. Na autorização, embora o pretendente satisfaça as exigências administrativas, o Poder Público decide discricionariamente sobre a conveniência ou não do atendimento da pretensão do interessado ou da cessação do ato autorizado, diversamente do que ocorre com a *licença* e a *admissão*, em que, satisfeitas as prescrições legais, fica a Administração obrigada a licenciar ou admitir.

Em tese, a lei poderia submeter o exercício da atividade econômica à licença[77] ou à autorização. Mas, ainda que se admita o reconhecimento legal de discricionariedade[78] no exercício da competência administrativa ordenadora de constituir direitos subjetivos ou pretensões para os administrados, é importante salientar que a lei somente tem legitimidade de exigir o ato jurídico administrativo ampliativo para a fruição da liberdade econômica no que for adequado e necessário à luz do interesse público.[79]

Em rigor, não importa o rótulo que o ato jurídico administrativo ampliativo receba da lei que o disciplina, mas sim o modelo jurídico que a mesma lhe impõe. De todo modo, fica difícil sustentar que o direito subjetivo à liberdade econômica somente surgiria com a expedição desse ato jurídico. Noutro giro: *os atos jurídicos administrativos ampliativos previstos no art. 170, parágrafo único, da Constituição Federal, existem para outorgar pretensão para o administrado, e não para lhe constituir o direito subjetivo ao empreendimento.*

Consequentemente, as leis que determinem que somente há o direito subjetivo à exploração de determinada atividade econômica após a emissão de ato jurídico administrativo são passíveis de serem reconhecidas como inconstitucionais.

Não há qualquer direito subjetivo à obtenção ou à continuidade da autorização, daí por que a Administração pode negá-la ao seu talante, como pode cassar o alvará a qualquer momento, sem indenização alguma (...) (MEIRELLES, 1995: 170-171) (grifos no original).

77 Recorrendo-se mais uma vez à lição doutrinária pretérita:
Licença é o ato administrativo vinculado e definitivo pelo qual o Poder Público, verificando que o interessado atendeu a todas as exigências legais, faculta-lhe o desempenho de atividades ou a realização de fatos materiais antes vedados ao particular, como o exercício de uma profissão, a construção de um edifício em terreno próprio. A licença resulta de um direito subjetivo do interessado, razão pela qual a Administração não pode negá-la quando o requerente satisfaz todos os requisitos legais para sua obtenção e, uma vez expedida, traz a presunção de definitividade. Sua invalidação só poder ocorrer por ilegalidade na expedição do alvará, por descumprimento do titular na execução da atividade ou por interesse público superveniente, caso em que se impõe a correspondente indenização. A *licença* não se confunde com a *autorização*, nem com a *admissão*, nem com a *permissão* (MEIRELLES, 1995: 170) (grifos no original).

78 A discricionariedade na emissão de atos jurídicos administrativos ampliativos pode residir nos seguintes aspectos: (i) o momento de expedição do ato; (ii) o motivo fático (ou pressuposto de fato) do ato; ou, (iii) o objeto (ou conteúdo do ato.
Sobre a matéria, consultar: BANDEIRA DE MELLO, 1992; BANDEIRA DE MELLO, 2019; FRANÇA, 2000; FRANÇA, 2007.

79 Como bem adverte BANDEIRA DE MELLO (2019), os atos jurídicos referidos no art. 170, parágrafo único, da Constituição Federal, não podem dispor sobre os aspectos econômicos do empreendimento, mas se justificam apenas para assegurar a proteção de interesse público que demanda a fiscalização prévia da atividade privada, sob pena de se esvaziar a livre concorrência (art. 170, *caput*, da Constituição Federal) e o caráter indicativo do planejamento estatal (art. 174, *caput*, da Constituição Federal).

Retornando para o exame do art. 3º, IX, da Lei Federal nº 13.874/2019, combinado com o art. 1º, §5º, do mesmo diploma legal, é possível concluir que se concedeu ao silêncio administrativo o efeito jurídico de deferimento, quando o administrado solicita a expedição de ato jurídico administrativo ampliativo junto à Administração Pública. Isso, no plano da União; e dos Estados, do Distrito Federal e dos Municípios que estejam aplicando a legislação federal ou resolvam adotar o modelo jurídico da lei em apreço nessa matéria.

O ato jurídico administrativo expedido com base no art. 3º, IX, da Lei Federal nº 13.874/2019 permanecerá no sistema do Direito Positivo até que ele seja extinto. Essa extinção pode ser dar com o exaurimento de seu objeto,[80] ou pela emissão de outro ato jurídico administrativo,[81] ou por decisão judicial.[82]

Embora seja um modelo jurídico destinado à proteção do administrado contra a ineficiência administrativa, não se pode descuidar do risco da prática de desvio de poder ou de ato de improbidade administrativa na omissão da Administração Pública.[83] Para tanto, impõe-se o exame da validade do ato jurídico administrativo praticado com amparo no art. 3º, IX, da Lei Federal nº 13.847/2019, o que pressupõe o exame de seus elementos e pressupostos.[84]

---

[80] Vislumbra-se aqui a possibilidade de o empreendimento autorizado ou licenciado ter sido interrompido ou concluído, sem que o ato jurídico administrativo que o viabilizou tenha sido extinto de modo anormal ou tenha se estabilizado por força da prescrição ou decadência.

[81] Pode ser: (i) invalidação administrativa, comprovada invalidade; (ii) revogação, na presença de discricionariedade administrativa e de fato superveniente; (iii) cassação, se houve a prática de ato ilícito por parte do beneficiário do ato extinto; (iv) caducidade, se o objeto do ato extinto passou a ser ilícito; ou, (v) contraposição, na emissão de ato posterior que seja incompatível com o ato extinto.
Em todos esses casos, deve haver o respeito ao dever de motivação, nos termos do art. 50, *caput*, I e VIII, da Lei Federal nº 9.784/1999.

[82] *Vide* o art. 5º, XXXV e LXXIII, e o art. 129, III, todos da Constituição Federal.

[83] *Vide* o art. 2º, "e", e parágrafo único, "e", da Lei Federal nº 4.717, de 29 de junho de 1965 (Regula a ação popular).
Ver o art. 11, I e II, da Lei Federal nº 8.429, de 2 de junho de 1992 ("Dispõe sobre as sanções aplicáveis aos agentes públicos nos casos de enriquecimento ilícito no exercício de mandato, cargo, emprego ou função na administração pública direta, indireta ou fundacional e dá outras providências").

[84] Compreende-se que o ato jurídico administrativo, como todo e qualquer ato jurídico, tem três elementos: (i) o *sujeito* (o sujeito de direito que emitiu o ato); (ii) o *objeto* (o efeito jurídico que se visa produzir com a emissão do ato); e, (iii) a *forma* (se o ato é uma manifestação ou declaração, e como a exteriorização de vontade efetivamente ocorreu).
Para que o ato jurídico administrativo *exista*, além desses elementos, ele precisa atender aos seguintes *pressupostos de existência*: (i) a *pertinência à função administrativa*; e, (ii) a *publicidade*.
Como pressupostos de validade, tem-se: (i) a *competência* (a outorga de poder para o sujeito de direito emitir o ato); (ii) o *motivo* (os pressupostos de fato e de direito que autorizam

Nesse sentido, é importante a salvaguarda constante do art. 3º, §7º,[85] da Lei Federal nº 13.847/2019.

Apesar da abrangência de atividades listadas no art. 1º, §1º, da Lei Federal nº 13.874/2019, o modelo jurídico em apreço certamente enfrentará resistências doutrinárias na sua aplicação em matéria ambiental, haja vista a forte tendência de se colocar a liberdade econômica como algo necessariamente de menor importância em face da proteção do meio ambiente.[86]

Também não se olvide que esse modelo jurídico para o silêncio administrativo não incide nem deve ser aplicado quando houver lei específica que dê tratamento diferenciado, como determina expressamente o art. 3º, IX, da Lei Federal nº 13.847/2019, sem prejuízo do disposto no art. 2º [87] da Lei de Introdução às normas do Direito Brasileiro.

Igualmente foram afastadas da incidência desse modelo jurídico, as situações previstas no art. 3º, §6º,[88] da Lei Federal nº 13.847/2019.

---

ou exigem a expedição do ato); (iii) a *finalidade* (o interesse público que se quer restaurar ou concretizar com a emissão do ato); (iv) os *requisitos procedimentais* (os atos jurídicos que devem preceder ou suceder o ato para que este seja válido ou eficaz); (v) a *causa* (a relação de proporcionalidade entre o objeto e o pressuposto de fato em face da finalidade); e, (vi) a *formalização* (a forma que o ato deve ter para que este seja válido).
Sobre a matéria, consultar, mas devendo ser levado em consideração a reforma no pensamento anterior: FRANÇA, 2007; FRANÇA, 2017.

[85] Esse enunciado legal tem a seguinte redação:
Art. 3º (...)
§7º A aprovação tácita prevista no inciso IX do *caput* deste artigo não se aplica quando a titularidade da solicitação for de agente público ou de seu cônjuge, companheiro ou parente em linha reta ou colateral, por consanguinidade ou afinidade, até o 3º (terceiro) grau, dirigida a autoridade administrativa ou política do próprio órgão ou entidade da administração pública em que desenvolva suas atividades funcionais.

[86] Como exemplo, consultar: KRELL, 2004.
Convém lembrar que há julgado do Superior Tribunal de Justiça (Recurso Especial nº 1.245.149/MG, Segunda Turma, Relator Herman Benjamim, publicado no DJe de 13 de junho de 2013), anterior à entrada em vigor da Lei Federal nº 13.874/2019, que nega a existência de *autorização ou licença ambiental tácita*.

[87] Esses enunciados legais têm a seguinte redação:
Art. 2º Não se destinando à vigência temporária, a lei terá vigor até que outra a modifique ou revogue.
§1º A lei posterior revoga a anterior quando expressamente o declare, quando seja com ela incompatível ou quando regule inteiramente a matéria de que tratava a lei anterior.
§2º A lei nova, que estabeleça disposições gerais ou especiais a par das já existentes, não revoga nem modifica a lei anterior.
§3º Salvo disposição em contrário, a lei revogada não se restaura por ter a lei revogadora perdido a vigência".

[88] Esse enunciado legal tem a seguinte redação:
Art. 3º (...)
§6º O disposto no inciso IX do *caput* deste artigo não se aplica quando:
I - versar sobre questões tributárias de qualquer espécie ou de concessão de registro de marcas;

Não deixa de ser curioso que a redação do art. 3º, §8º,[89] da Lei Federal nº 13.847/2019, parece induzir o reconhecimento do dever da Administração Pública expedir ato administrativo normativo visando a estabelecer o prazo para a "aprovação tácita" constante do inciso IX desse artigo. Todavia, ele somente ocorreria diante de omissão legislativa nessa matéria por parte da União ou dos entes federativos referidos no art. 1º, §5º, do mesmo diploma legal.

Se não houver modelo jurídico estadual,[90] distrital ou municipal que disponha expressamente sobre a eficácia do silêncio administrativo em matéria de liberação de atividade econômica, crê-se que o modelo jurídico aplicável seja o seguinte.[91]

Havendo o decurso do prazo legal para decisão, e sendo o ato de natureza discricionária, o administrado tem o direito de solicitar a tutela jurisdicional adequada para compelir a Administração Pública a emitir uma decisão expressa sobre o pleito ignorado.

Caso o ato sonegado seja vinculado, o administrado pode requerer ao Poder Judiciário que mande a Administração Pública dar efetividade ao direito subjetivo violado.

5 Considerações finais

A Lei Federal nº 13.874/2019 procura restaurar o prestígio da liberdade econômica nos jogos vorazes dos direitos fundamentais na

---

II - a decisão importar em compromisso financeiro da administração pública; e
III - houver objeção expressa em tratado em vigor no País.

[89] Esse enunciado legal tem a seguinte redação:
Art. 3º (...)
§8º O prazo a que se refere o inciso IX do *caput* deste artigo será definido pelo órgão ou pela entidade da administração pública solicitada, observados os princípios da impessoalidade e da eficiência e os limites máximos estabelecidos em regulamento.

[90] No Estado do Rio Grande do Norte, o silêncio administrativo se encontra disciplinado no art. 67 da Lei Complementar Estadual nº 303, de 9 de setembro de 2005 (Dispõe sobre normas gerais pertinentes ao processo administrativo no âmbito da Administração Pública Estadual), que tem a seguinte redação:
Art. 67. Concluída a instrução, e observado o disposto no art. 62 desta Lei Complementar, a Administração Publica tem o prazo de até 60 (sessenta) dias para decidir, salvo prorrogação por igual período expressamente motivada pelo agente e aprovada pelo Titular do órgão ou entidade da Administração Pública.
§1º Ultrapassado o prazo sem decisão, o interessado poderá solicitar que a Administração Pública se manifeste sobre o seu pedido em 10 (dez) dias.
§2º Na hipótese de persistir o silêncio administrativo, após observado o prazo a que se refere o §1º, deste artigo, o pedido formulado pelo interessado será considerando denegado.

[91] Vide o art. 5º, XXXV, da Constituição Federal.
Sobre a matéria, consultar: BANDEIRA DE MELLO, 2019; FRANÇA, 2007.

atividade administrativa do Estado. O que, naturalmente, tem repercussão no controle jurisdicional da Administração Pública.

E, nesse contexto, o diploma legal em apreço oferece um modelo jurídico para o silêncio administrativo voltado a garantir o mais eficiente desembaraço da atividade econômica, quando há a exigência constitucional ou legal de intervenção da Administração Pública por meio da expedição de ato jurídico administrativo ampliativo.

Todavia, merece destaque que esse modelo não é aplicável à gestão de bens públicos, muito menos à prestação de serviços públicos, pois se trata de atividades que a Constituição Federal nitidamente reservou para o Estado, embora tenham inequívoca repercussão socioeconômica e atraiam o interesse privado dos agentes econômicos.

Por fim, ressalte-se que a *aprovação tácita* prevista no art. 3º, IX, da Lei Federal nº 13.874/2019 deve funcionar mais como um mecanismo de defesa do administrado perante a ineficiência administrativa, do que propriamente um instrumento gracioso para a prática do desvio de finalidade.

Referências

AMARAL, Antônio Carlos Cintra do. *Teoria do ato administrativo*. Belo Horizonte: Fórum, 2008.

ARAÚJO, Clarice von Oertzen de. *Incidência jurídica:* teoria e crítica. São Paulo: Noeses, 2011.

AURÉLIO, Bruno. *Atos administrativos ampliativos de direitos:* revogação e invalidação. São Paulo: Malheiros, 2011.

ÁVILA, Humberto. *Teoria dos princípios:* da definição à aplicação dos princípios jurídicos. São Paulo: Malheiros, 2003.

BANDEIRA DE MELLO, Celso Antônio. *Discricionariedade administrativa e controle jurisdicional*. São Paulo: Malheiros, 1992.

BANDEIRA DE MELLO, Celso Antônio. *Serviço público e concessão de serviço público*. São Paulo: Malheiros, 2017.

BANDEIRA DE MELLO, Celso Antônio. *Curso de Direito Administrativo*. 34. ed. São Paulo: Malheiros, 2019.

BASTOS, Celso Ribeiro. *Direito Constitucional Econômico*. São Paulo: Celso Bastos Editor, 2000.

CLÈVE, Clémerson Merlin. *Medidas provisórias*. 2. ed. São Paulo: Max Limonad, 1998.

DANTAS, Ivo. *Aspectos jurídicos das medidas provisórias*. 3. ed. Brasília: Brasília Jurídica, 1997.

DI PIETRO, Maria Sylvia Zanella. *Parcerias na administração pública:* concessão, permissão, franquia, terceirização, parceria público-privada e outras formas. 6. ed. São Paulo: Altas, 2008.

DI PIETRO, Maria Sylvia Zanella. *Uso privativo de bem público por particular*. São Paulo: Atlas, 2010.

DI PIETRO, Maria Sylvia Zanella. *Direito Administrativo*. 30. ed. Rio de Janeiro: Forense, 2017.

FIGUEIREDO, Marcelo. *A medida provisória na Constituição*. São Paulo: Atlas, 1991.

FERRAZ, Sérgio; SAAD, Amauri Feres. *Autorização de serviço público*. São Paulo: Malheiros, 2018.

FRANÇA, Vladimir da Rocha. *Invalidação judicial da discricionariedade administrativa no regime jurídico-administrativo brasileiro*. Rio de Janeiro: Forense, 2000.

FRANÇA, Vladimir da Rocha. *Estrutura e motivação do ato administrativo*. São Paulo: Malheiros, 2007.

FRANÇA, Vladimir da Rocha. Arts. 174 a 181. BONAVIDES, Paulo; MIRANDA, Jorge; AGRA, Walber de Moura (Coordenação). *Comentários à Constituição Federal de 1988*. Rio de Janeiro: Forense, 2009. p. 1993-2024.

FRANÇA, Vladimir da Rocha. Regime jurídico-administrativo, interesses públicos e direitos fundamentais. *Colunistas*. nº 260, ano 2016. Disponível em http://www.direitodoestado.com.br/colunistas/vladimir-da-rocha-franca/regime-juridico-administrativo-interesses-publicos-e-direitos-fundamentais.

FRANÇA, Vladimir da Rocha. Princípio da motivação no direito administrativo. *Enciclopédia jurídica da PUC-SP*. CAMPILONGO, Celso Fernandes; GONZAGA, Álvaro de Azevedo; FREIRE, André Luiz (Coords.). Tomo: Direito Administrativo e Constitucional. NUNES JR., Vidal Serrano; ZOCKUN, Maurício; ZOCKUN, Carolina Zancaner; FREIRE, André Luiz (Coord. de tomo). 1. ed. São Paulo: Pontifícia Universidade Católica de São Paulo, 2017. Disponível em: https://enciclopediajuridica.pucsp.br/verbete/124/edicao-1/principio-da-motivacao-no-direito-administrativo.

GRAU, Eros Roberto. *A ordem econômica na Constituição de 1988* (interpretação e crítica). 17. ed. São Paulo: Malheiros, 2015.

GROTTI, Dinorá Adelaide Musetti. *O serviço público e a Constituição Brasileira de 1988*. São Paulo: Malheiros, 2003.

HAYEK, Friedrich A. von. *The constitution of liberty*. Chicago: The University of Chicago Press, 1978.

KRELL, Andreas J. *Discricionariedade administrativa e proteção ambiental*: o controle dos conceitos jurídicos indeterminados e a competência dos órgãos ambientais: um estudo comparativo. Porto Alegre: Livraria do Advogado, 2004.

LASKI, Harold J. *O manifesto comunista de Marx e Engels*. 3. ed. Tradução de Regina Lúcia F. de Moraes. Rio de Janeiro: Zahar, 1982.

LÔBO, Paulo Luiz Netto. *Direito Civil:* parte geral. 4. ed. São Paulo: Saraiva, 2013.

MARQUES NETO, Floriano de Azevedo. *Bens públicos*: função social e exploração econômica: o regime jurídico das utilidades públicas. Belo Horizonte: Fórum, 2009.

MARX, Karl; ENGELS, Friedrich. *Manifesto comunista*. Tradução de Alfredo Pina. São Paulo: Boitempo, 2005.

MEIRELLES, Hely Lopes. *Direito Administrativo brasileiro*. 20. ed. Atualização de Eurico de Andrade Azevedo; Délcio Balestero Aleixo; José Emmanuel Burle Filho. São Paulo, Malheiros, 1995.

MELLO, Marcos Bernardes de. *Teoria do fato jurídico*: plano da existência. 20. ed. São Paulo: Saraiva, 2014a.

MELLO, Marcos Bernardes. *Teoria do fato jurídico:* plano da validade. 13. ed. São Paulo: Saraiva, 2014b.

MELLO, Marcos Bernardes. *Teoria do fato jurídico:* plano da eficácia. 9. ed. São Paulo: Saraiva, 2014c.

MISES, Ludwig von. *Ação humana:* um tratado de economia. 3. ed. Donaldo Stewart Jr. São Paulo: Instituto Ludwig von Mises Brasil, 2010.

MONTEIRO, Vera. *Concessão*. São Paulo: Malheiros, 2010.

NOBRE JÚNIOR, Edilson Pereira. *Medidas provisórias*: controles legislativo e jurisdicional. Porto Alegre: Síntese, 2000.

OLIVEIRA, José Roberto Pimenta. *Os princípios da razoabilidade e da proporcionalidade no Direito Administrativo brasileiro*. São Paulo: Malheiros, 2006.

PASUKANIS, Eugeny Bronislanovich. *A teoria geral do Direito e o marxismo*. Tradução de Paulo Bessa. Rio de Janeiro: Renovar, 1989.

PONTES DE MIRANDA, Francisco Cavalcanti. *Tratado de Direito Privado:* Parte geral. Introdução. Pessoas físicas e jurídicas. Atualização de Vilson Rodrigues Alves. Campinas, Bookseller, 1999, v. 1.

REALE, Miguel. *Filosofia do Direito*. 17 ed. São Paulo: Editora Saraiva, 1996.

REALE, Miguel. *O Estado Democrático de Direito e o conflito das ideologias*. São Paulo: Saraiva, 1998.

REALE, Miguel. *Fontes e modelos do Direito:* para um novo paradigma hermenêutico. São Paulo: Saraiva, 1999.

ROSENFIELD, Denis Lerrer. *Reflexões sobre o Direito de propriedade*. Rio de Janeiro: Elsevier, 2008.

ROSENFIELD, Denis Lerrer. *Justiça, democracia e capitalismo*. Rio de Janeiro: Elsevier, 2010.

SAAD, Amauri Feres. *Liberdade das formas nas contratações públicas*. Porto Alegre: Sérgio Antônio Fabris Editor, 2019.

SCRUTON, Roger. *O que é conservadorismo?* Tradução de Guilherme Ferreira Araújo. São Paulo: É Realizações, 2015.

SILVA, José Afonso da. *Curso de Direito Constitucional positivo*. 21. ed. São Paulo: Malheiros, 2002.

SOUTO, Cláudio; SOUTO, Solange. *A explicação sociológica: uma introdução à Sociologia*. São Paulo: EPU, 1985.

SUNDFELD, Carlos Ari. *Direito Administrativo Ordenador*. São Paulo: Malheiros, 1993.

TAVARES, André Ramos. *Direito Constitucional Econômico*. São Paulo: Método, 2003.

VILANOVA, Lourival. *As estruturas lógicas e o sistema do Direito Positivo*. São Paulo: Max Limonad, 1997.

VILANOVA, Lourival. *Causalidade e relação no Direito*. 4 ed. São Paulo: Revista dos Tribunais, 2000.

VILANOVA, Lourival. *Estudos jurídicos e filosóficos*. São Paulo: Axis Mundi: IBET, 2003, v. 1.

Informação bibliográfica deste texto, conforme a NBR 6023:2018 da Associação Brasileira de Normas Técnicas (ABNT):

FRANÇA, Vladimir da Rocha. Liberdade econômica em face do silêncio administrativo no direito brasileiro. *In*: HUMBERT, Georges Louis Hage (Coord.). *Lei de liberdade econômica e os seus impactos no Direito Administrativo*. Belo Horizonte: Fórum, 2020. p. 71-98. ISBN 978-85-450-0756-2.

André Castro Carvalho
Pós-doutor no Massachusetts Institute of Technology (2016). É bacharel, mestre, doutor e pós-doutor (2018) em Direito pela Universidade de São Paulo, tendo sua tese de doutorado recebido o Prêmio CAPES de Tese 2014 como a melhor tese de doutorado em Direito de 2013 no país. Professor em diversas escolas de negócios, palestrante e treinador corporativo internacional nos idiomas português, inglês e espanhol. É consultor internacional em *compliance* e membro de órgãos estatutários de governança corporativa. Vice-Presidente do Instituto Brasileiro de Direito e Ética Empresarial (IBDEE).

Bernardo Strobel Guimarães
Mestre e doutor em Direito do Estado pela FADUSP. Professor da PUC-PR. Advogado.

Caio Augusto Nazario de Souza
Graduado pela Pontifícia Universidade Católica do Paraná. Advogado.

Daniel Ferreira
Pós-Doutorado pelo *Ius Gentium Conimbrigae*/IGC – Centro de Direitos Humanos/CDH (FDUC). Doutor e mestre em Direito do Estado (Direito Administrativo) pela PUC-SP. Professor do Corpo Docente Permanente e atual Coordenador do Programa de Mestrado em Direito do UNINTER. Parecerista e Sócio-Fundador do Ferreira, Kozicki de Mello & Maciel Advogados Associados.

Georges Louis Hage Humbert
Advogado formado pela Universidade Católica de Salvador. Pós-doutor em direito pela Universidade de Coimbra. Doutor e mestre em direito pela PUC-SP. Foi assessor especial da Secretaria-Geral da Presidência da República (2019) e membro do Grupo de Modernização do Estado do Governo de Transição da Presidência da República (2018).

Miguel Ferreira Filho
Mestre em Direito Empresarial e Cidadania pelo UNICURITIBA. Sócio do Ferreira, Kozicki de Mello & Maciel Advogados Associados. Médico-Ortopedista.

Paulo Marzionna
Professor da Escola de Administração de Empresas de São Paulo, da Fundação Getulio Vargas (FGV-EAESP). Doutor e mestre em Relações do Trabalho pela *School of Industrial and Labor Relations* da Universidade de Cornell

(EUA). Bacharel em Direito pela Universidade de São Paulo. Especialista em Administração de Empresas pela FGV-EAESP.

Sérgio Ferraz
Professor Titular de Direito Administrativo da PUC Rio. Procurador aposentado do Estado do Rio de Janeiro. Membro da Academia Brasileira de Letras Jurídicas. Foi decano do Conselho Federal da Ordem dos Advogados do Brasil e presidente do Instituto dos Advogados Brasileiros. Consultor Jurídico do Ministério da Justiça. É atualmente consultor jurídico e advogado militante.

Vladmir da Rocha França
Mestre em Direito Público pela Universidade Federal de Pernambuco. Doutor em Direito Administrativo pela Pontifícia Universidade Católica de São Paulo. Professor Associado do Departamento de Direito Público da Universidade Federal do Rio Grande do Norte.

Esta obra foi composta em fonte Palatino Linotype, corpo 10
e impressa em papel Offset 75g (miolo) e Supremo 250g (capa)
pela Gráfica Laser Plus.